キャプテン翼勝利学

深川峻太郎

集英社文庫

キャプテン翼勝利学　目次

本書は二〇〇二年四月、書き下ろし単行本として集英社インターナショナル
より刊行された『キャプテン翼勝利学』を文庫化にあたり再編集しました。

キャプテン翼勝利学

文庫版のためのまえがき

　本書が企画されたのは二〇〇一年の夏、翌年の日韓ワールドカップを間近に控えて、ファンやメディアを含めたサッカー界に（というか、ほとんど日本社会全体に）期待と不安が渦巻いていた時期のことだ。どちらかというと、不安のほうが強かったと思う。グループリーグで敗退したのでは、ホスト国として恥ずかしい――それはもう、国民的な心配事だったと言っても過言ではあるまい。

　いまとなっては、ピンと来ない人も多いだろう。すでに日本代表は、二〇〇二年、二〇一〇年、二〇一八年と三度もワールドカップのグループリーグを突破している。しかし、初出場した一九九八年のフランス大会で惨敗（三敗）を喫したこともあって、当時の日本人は強いプレッシャーを感じていた。

　そこで私は、ワールドカップを迎えるわれわれ日本人が、サッカーの見方や考え方を変えるべきだろうと考えた。代表チームの実力を急に上げるのは難しくても、応援するファンの意識を変えることはすぐにでもできるはずだ。ピッチを取り巻く環境を変えることで日本のサッカーが強くなる面もあるだろう。それを試みるうえで、『キャプテン翼』は多くのヒントを与えてくれる。

そんな次第で、原著は日韓ワールドカップ開幕直前に照準を合わせて書かれた。初版の刊行は、二〇〇二年四月。文庫化にあたって、あまりにも時代にそぐわなくなった記述は修正したが、「アディショナル・タイム」の呼称を当時の主流だった「ロスタイム」のままとしたことなど、あえて当時の時代背景を生かした部分もある。

一方、大空翼をはじめとする『キャプテン翼』の登場人物たちのプレイや試合に言及した部分は、いささかも古くなっていない。したがって、手を入れる必要を感じなかった。この名作コミックに、時代の変化に左右されないサッカーの本質が描かれていることの証左であろう。引き合いに出される現実の試合や選手たちは若い読者にとって馴染《なじ》みが薄いと思うが、そこから得られる知見や教訓は今後も有効だ。

だからこそ、翼たちのプレイを通じてサッカーの見方を考える本書には、いまの時代に文庫化する意義があるにちがいない。本稿の執筆直前には、「リアル・キャプテン翼」とも呼ばれる久保《くぼ》建英《たけふさ》が代表デビューを果たし、レアル・マドリードへの入団を決めた。「ワールドカップ優勝」という大空翼の夢が実現するまで本書が読み継がれることが、私の願いである。

二〇一九年初夏

深川峻太郎

まあ
とにかく 今《いま》は
中学生生活《ちゅうがくせいせいかつ》 最後《さいご》の大会《たいかい》
全国中学校《ぜんこくちゅうがっこう》サッカー大会《たいかい》
これに 全力《ぜんりょく》を かたむけろ
ブラジルの話《はなし》は
それからだ!
はい
かならず
勝《か》てよ
翼《つばさ》
まず
おまえは
この日本《にほん》で
神話《しんわ》を つくるんだ
三年《ねん》連続《れんぞく》全国《ぜんこく》制覇《せいは》
いや 小学校《しょうがっこう》の大会《たいかい》を
ふくめて 四年《ねん》連続《れんぞく》だ
おまえは
南葛市《なんかつし》にきてからの
四年間《ねんかん》
無敗《むはい》のまま
ブラジルへ いくんだ

そして
ブラジルでも
トップになれ!
サッカーの国《くに》でも
おまえは
ナンバーワンを
勝《か》ちとるんだ!
その時《とき》
日本《にほん》のサッカーは かわる!
翼《つばさ》
おまえが リーダーになって
日本《にほん》のサッカーを
かえるんだ!
そして
夢《ゆめ》は…
ワールドカップ
優勝《ゆうしょう》!!

プロローグ 「ツバサの国」へようこそ

本書は、みんなで『キャプテン翼』を読むことによって日本サッカーに勝利をもたらそう、という企《くわだ》てである。なぜ、『翼』を読むと日本が勝つのか。まずはその理由を述べる。

あらゆる娯楽がそうであるように、サッカーもまた、人と人との対話を豊かにするために存在している面がある。サッカーを見ること自体も愉快だが、それを通じて感じたこと、考えたことを語り合うのはもっと愉快だ。

ところがファンやメディアを含めた日本のサッカー界には、その対話を妨げる空気がある。これはもう、断じて、ある。その証拠に、たとえば日本代表の試合があった翌日、学校や会社や飲み屋でそれが話題になったとき、ふだんあまりサッカーを見ない者が、「私、サッカーは詳しくないんですが」とか「サッカーのことはよく知らないんだけど」といった遠慮がちな枕詞《エクスキユーズ》を口にするのを、あなたも聞いたことがあるだろう。中には、「にわかファンなので申し訳ないのだが……」などと謝ってしまう者もいる。どうしてサッカーを語るのに言い訳や謝罪から始めなければいけないのか、よくわからない。しかし、それが現実だ。「詳しい人」と「詳しくない人」とのあいだには深くて暗い川があり、後者にとってサッカーはやけに近寄りがたい世界になっているのである。だから、遠慮が生まれる。対話は広がらない。

その背景にあるのは、「日本にはサッカー文化がない」という思い込みだ。「詳しい人」がしばしば溜《た》め息《いき》混じりにもらす言葉だが、これが多くの日本人に「サッカーは(よほど勉強しないと)自分にはわからない」という思いを抱かせているのである。

しかし私は、この「日本にはサッカー文化がない」という物言いを耳にするたびに、こう思うのだ。そんなことはない、日本には『キャプテン翼』があるじゃないか、と。

一九八一年に『週刊少年ジャンプ』で連載を開始して以来、読者の圧倒的な支持を受け、現在でも舞台を『グランドジャンプ』に移して続いている『キャプテン翼』は、わが国の漫画史上に残る最高傑作の一つである。そして、その人気は国内にとどまるものではない。アニメ版の『キャプテン翼』は、イタリア、スペイン、ブラジルなどのサッカー大国を含めた世界各国で放送され、好評を博してきた。

外国のホテルでテレビをつければすぐわかるように、日本のアニメは、かなりマイナーな作品でも海外で放送されている。したがって、『キャプテン翼』ほどの名作が世界各国に輸出されるのは当然だと誰もが思うだろう。だが、話はそう単純ではない。

たとえばイタリアに「相撲アニメ」があったとする。それを日本で放送しようと思ったら、かなりの困難を伴うはずだ。そこに本物の相撲文化が描かれていないかぎり、青い目の少年が「ぼくの夢はニッポンで横綱になることだ！　どすこいどすこい」などと口走るアニメを、日本の子供が喜んで見るとは思えない。それと同じような壁が、『キャプテン翼』にもあったはずである。アニメ産出国としては一流の日本も、ことサッカーに関しては決して一流ではないからだ。ワールドカップ（W杯）優勝を夢見る日本人少年の姿など、「ふん、バカバカしい」と相手にされない恐れもあったと思う。

しかし『翼』は、その壁をものともせず、欧州や南米の目の肥えたサッカーファンに受け入れられた。これは、その作品世界に本物のサッカー文化が描かれている何よりの証左であろう。いくらアニメとしてよくできていても、「サッカー」として見応えのあるものでなければ、イタリアやスペインの子供たちが喜んでそれを見るはずがない。

つまり『キャプテン翼』は、いわばワールドクラスのサッカー文化なのである。それを育てるだけの土壌が、この国にはあった。もちろん、この作品は高橋陽一先生の類《たぐい》稀《まれ》なる想像力と先見性の賜物《たまもの》だが、それを理解し、評価し、大きく育て上げたのが日本の読者たちであることも間違いない。そして、この偉大なサッカー文化を育て上げた国の人々に、サッカーがわからないはずがないと私は思うのである。

民衆の多くが「この国にはサッカー文化がない」「自分にサッカーはわからない」といった自虐的《じぎやくてき》なサッカー観を抱いている国が、サッカーで勝利を得ることができるだろうか。私は、この自虐から生じる敗北感がじわじわと日本のサッカー界を蝕《むしば》み、選手たちの足を引っ張るのではないかと危惧《きぐ》している。たとえばホームでW杯のアジア予選を戦うとき、それを見守る私たち国民がサッカーに敗北感を抱いていたのでは、ホーム・アドバンテージなど吹き飛んでしまうからだ。対戦相手は、日本人の遠慮がちな態度を敏感に察知し、気持ちのうえで優位に試合を運ぶことだろう。

そんな事態を避けるために、みんなで『翼』を読むのである。『翼』を読めば、この国にも立派なサッカー文化があることがわかる。すると「サッカーはわからない」と思う人が減って日本が勝つ、という仕組みである。

私たちはいま、「どうせ日本人だから」と自らを卑下《ひげ》するのではなく、むしろ「ツバサの国の人だもの」と自信を持ってサッカーを語るべきなのだ。外国からやってくる選手たちを、「ツバサの国へようこそ」と胸を張って迎えるべきなのだ。それは、日本サッカーの将来的な飛躍にもつながることだろう。

Jリーグの発足以来、日本のサッカーは目を見張るほどの成長を遂げてきた。もちろん、それは指導者や選手をはじめとする関係者の努力の成果だが、その一方で『キャプテン翼』という作品が大きな役割を果たしてきたことも間違いない。なぜなら日本代表で主力として活躍する選手の多くが、この作品を読んで育ったからだ。たとえば中田英寿《なかたひでとし》は少年時代、翼のプレイに触発されてオーバーヘッドキックの練習を始めたという。

小野伸二《おのしんじ》にいたっては、フェイエノールトへの移籍直前に二十一歳の若さで結婚するという行動を取った。これは私の想像にすぎないが、あの結婚は、バルセロナへの移籍前に早苗ちゃんと結婚式を挙げた翼の影響が大なのではなかろうか。小野本人にその自覚はなくても、潜在意識の中に「早婚」への憧《あこが》れがあった可能性はある。

いずれにせよ、代表選手の多くがこの作品を読んでサッカーを始め、上達してプロになり、やがて日本代表にまで上り詰めたことはたしかである。彼らは、いわばサッカーのバイブルとして『キャプテン翼』を読み、そして「強い日本」を作り上げたと言えるのではないか。そういう意味でも、あらためてこの日本サッカー界のバイブルを読み直す作業には、大きな意義があるにちがいない。

そこで本書では、『キャプテン翼』の名場面を引用しつつ、さまざまな視点からサッカーの見所を語っていきたいと思う。なお本文中では、大空翼をはじめとする登場人物たちの敬称を、実在のサッカー選手たちと同様、略させてもらった。彼らを世界の一流選手たちと同等に扱いたいという敬意の表れだと思っていただきたい。

第一章　原点は一対一

男の意地とプライドを見る

ボールを与え合う野球、奪い合うサッカー

ここに、二人の男の子がいたとしよう。彼らの足元には、野球のグローブとボールが置いてある。そこで二人がおもむろに始める行為は何か。もちろんキャッチボールである。とりあえずキャッチボールである。それはもう、居酒屋に入って「とりあえずビール」と注文するのと同じくらい自然な成り行きである。

その誘惑に抗《あらが》える者は滅多《めった》にいない。四十を過ぎた男でさえ、まるでそれが宿命であるかのように黙ってグローブを手にはめ、少しずつ相手との距離を広げながらボールを投げ合うだろう。そこでは、「やるか?」「おう、一丁やってみるか」という会話すら不要だ。野球のグローブとボールがあれば、キャッチボールは自動的に始まる。

では、足元にあるのがサッカーボールだったらどうか。パス交換を始める者もいるだろうが、たいがいの男の子がそこで始めるのは、ボールの奪い合いである。いわゆる「一対一の勝負」である。私の息子が小さかった頃も、彼も父親とのパス交換より、ボールの奪い合いを好んだ。私が絶妙のフェイントで息子を置き去りにし、ついでにボールも置き去りにして負けたりすると、キャッキャと喜んだものだ。

しばしば比較される野球とサッカーだが、その違いはこんなところにも表れている。

いわば本能的に、野球はボールを与え合い、サッカーは奪い合う。実に対照的だ。しかしキャッチボールと一対一の勝負には、共通点もある。どちらも、その行為を通じてお互いの力量を探り合っているのだ。

キャッチボールで何回か相手の投げるボールを受ければ、どちらが上手《うま》いかはたちどころにわかるだろう。第三者の目にはのほほんとタマ投げを楽しんでいるように映るが、その実、二人のあいだでは勝負の火花が散っているのだ。相手より先にカーブを投げたからといって油断してはいけない。返す刀で鋭く落ちるフォークボールを投げられ、完《かん》膚《ぷ》無《な》きまでにヘコまされることも少なくないからである。

一方、サッカーボールの奪い合いが腕比べ（厳密に言うと足比べか）であることは言うまでもない。持てる能力を総動員してボールを奪い、相手を抜き去ったとき、彼は自分が相手よりサッカーが上手いことを確認して満足するのだ。

実際の試合においても、選手たちがもっとも激しく火花を散らすのは一対一の勝負である。たとえば中央からパスを受けたサイドアタッカーがタッチライン際《ぎわ》を駆け上がり、敵のサイドバックと対峙《たいじ》する。この一対一に勝ってゴール前にクロスボールを放り込めばビッグチャンス（守備側には大ピンチ）になるのだから、とても大事な局面だ。

ただしこのとき、ボールを挟んで向かい合った二人の選手は、チームのためだけに戦っているのではないと私は思う。彼らは自分のプライドを守るために、とにかく目の前にいる相手に負けたくないのだ。ボールの奪い合いに興じる子供と同様、それ自体がまさしく「勝負」なのである。そのため、一対一に勝とうが負けようが大勢に影響がなく、むしろ味方にバックパスをしたり、足元に飛び込まないで相手のパス出しを遅らせたほうが賢明だと思えるような局面でも、あえて勝負を挑む選手が少なくない。

二〇〇一年の日本×パラグアイ（キリンカップ）でも、そんな場面があった。2―0とリードした試合の終盤、トルシエ監督がファンサービスのために投入した中山雅史《まさし》が、パラグアイのゴール前で、相手ディフェンダーに猛烈なスライディングタックルをお見舞いしたのだ。

すでに日本のチャンスは潰《つい》え、ほかの選手は自陣に戻って守備を固めようとしていた。ふつうに考えれば、守備陣形を整える時間を稼ぐために、ボールを持った相手の前をウロウロしていればすむところである。しかも点差は2点。残り時間はわずか。パラグアイも半ば試合を捨てている状況だ。そこで乾坤一擲《けんこんいってき》のスライディングタックルをかました中山の姿に、大量リードした試合の終盤にノースリーから打ちにいって顰蹙《ひんしゅく》を買った新庄剛志《つよし》（当時ニューヨーク・メッツ）の姿がダブって見えたのは、私だけではないだろう。

だが、私は中山を責める気持ちにはなれない。彼は負けたくなかったのだ。試合に勝っても、あの一対一に勝たねば満足できなかったのだ。サッカー選手とはそういうもの

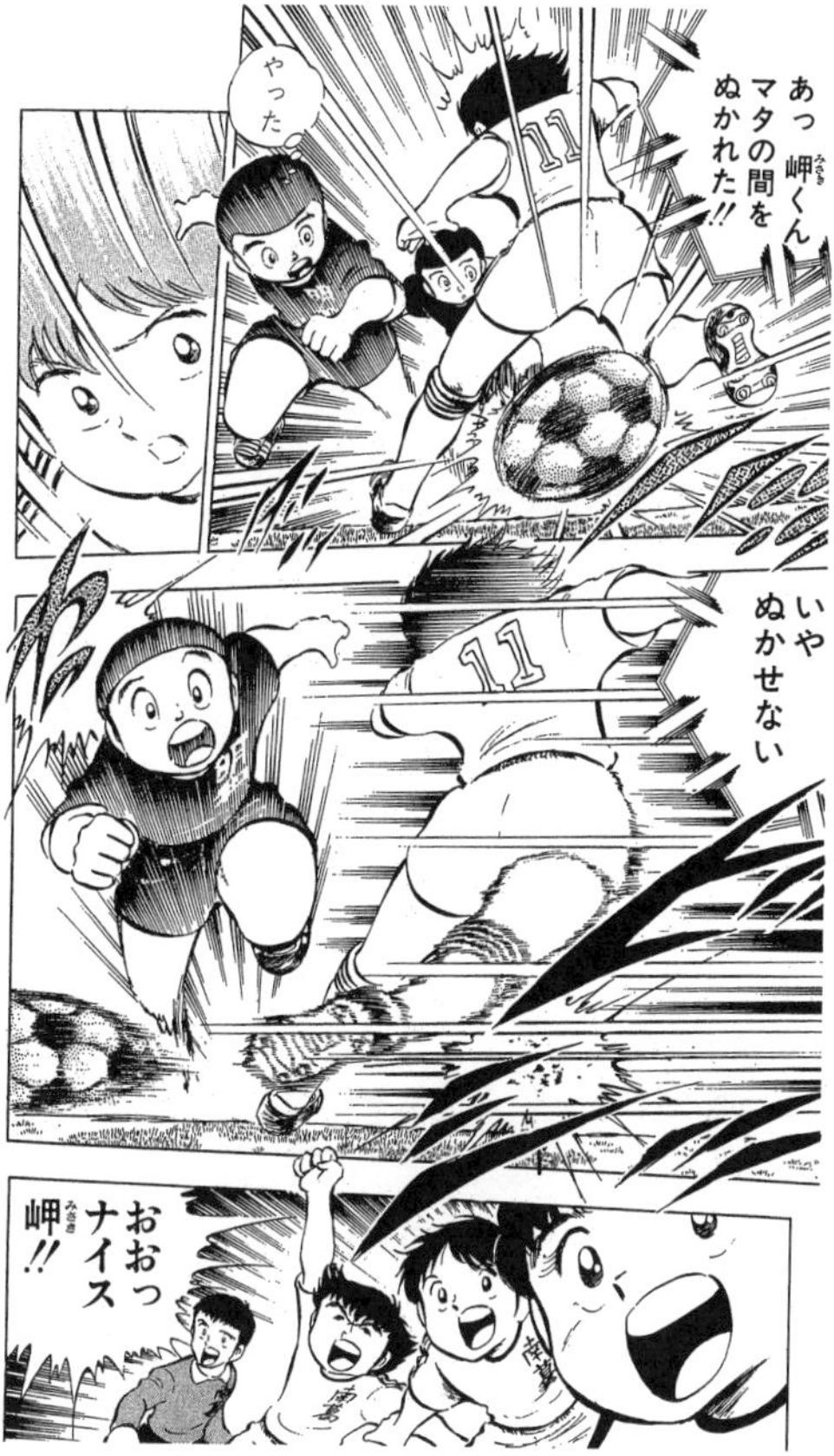

南葛×明和戦における、岬太郎対沢田タケシの勝負。
この試合、最初の一対一でもあり、かつて明和でプレイした岬としては
2年後輩の沢田に負けるわけにはいかなかった。
『キャプテン翼』文庫版第3巻、58ページ

なのだ。彼らはチーム同士の戦いとは別に、それぞれが個々の戦いを戦っているのだ。

日本人は本来、一対一の勝負が好き

サッカーはチーム競技だが、その原点は一対一の勝負にあると私は思う。

というのも、一八六三年にイングランドでFA（フットボール協会）が創立され、初めてサッカーの公式ルールが制定された当時、選手はボールより前でプレイすることができなかった。ラグビーと同様、ボールのある位置がオフサイドラインだったのだ。したがって、前にパスを出すことはできない。相手の守備を突破するには、ディフェンスラインの裏にロングボールを蹴り入れて走り込む（いわゆるキック&ラッシュ）か、ドリブルで相手を抜くしかなかったのである。一対一に強い選手こそが賞賛されたであろうことは、想像に難《かた》くない。

その精神は、現代のサッカー選手にも脈々と受け継がれている。大空翼たちのサッカーも、一対一の勝負が基本だ。翼対若林、翼対日向、日向対松山といった初期の名勝負から、翼対シュナイダー（国際ジュニアユース決勝）、翼対サンターナ（ブラジル全国選手権決勝）、翼対ナトゥレーザ（ワールドユース決勝）、そしてセリエAにおける日向（ユベントス）対トラム（パルマ）にいたるまで、彼らの試合では常に「一対一の嵐」

サンパウロ×フラメンゴ（ブラジル全国選手権決勝）の１シーン。
このプレイは本家のサンターナに阻まれたものの、
それを見て翼はサンターナ・ターンの防御法を学習した。
『キャプテン翼　ワールドユース編』第２巻、36ページ

が巻き起こっている。

その中でもとくに私にとって印象深いのは、南葛SC×明和FC（全日本少年サッカー大会一次リーグ）における、岬太郎対沢田タケシの勝負だ。先ほど挙げた数々の名場面に比べれば、かなり地味なシーンだと言えるだろう。しかし、選手にとって最大の屈《くつ》辱《じょく》である「股抜き」を咄嗟《とっさ》の機転で防いだ岬のプレイからは、「六年生のオレが四年坊主に負けるわけにはいかないぜ」という男の意地とプライドが滲《にじ》み出ている。こうした勝負を通じて、彼らはお互いに切磋琢磨《せっさたくま》し、選手として成長していくのだ。

とくに大空翼ほど、一対一の勝負を自らの栄養として吸収できる選手はいない。彼は、相手のエースが開発した専売特許を瞬時にしてマスターし、その「技」をわが物にしてしまうのである。サンターナ・ターンもそうだった。ピエール（フランス）のスライダーシュートもそうだった。レヴィン（スウェーデン）のオーロラフェイントもそうだった。あらゆるサッカーの技は、翼のためにある。彼にとって一対一の勝負は、プライドを賭けた戦いの場であると同時に、「学習の場」でもあるのだ。

いずれにしろ、一対一の勝負を語らずにサッカーを語ることはできない。ところが日本のメディアは、この「サッカーの原点」にあまり注目しない傾向がある。個人と個人の戦いよりも、全体的なチーム戦術やシステム論を熱心に語りたがる者が多いのだ。軍隊の図上演習よろしく、フィールドに選手を配置したフォーメーション図を睨《にら》みながら、ああだこうだと議論している。むろん、それに意味がないとは言わないし、私もそういう雑誌記事を興味深く読むことがないわけではない。だが現状では、あまりにもサッカーの見方がそちらに偏《かたよ》りすぎではないだろうか。

本来、私たち日本人は一対一の勝負を好むはずだ。相撲、柔道、剣道、空手など日本古来の武道は言うに及ばず、日本人の多くが愛している野球も、基本的には投手と打者の一対一である。個と個が向かい合い、火花を散らして戦う姿を見るのが、私たちは大好きなのだ。しかし、この国のメディアはサッカーの一対一に目を向けようとしない。なぜか。私が思うに、「日本人にサッカーはわからない」という前提があるから、自分たちの好みに合った「日本人らしい見方」を拒絶するのである。うっかり一対一の勝負について熱心に語った結果、「こいつ、見方がまるで日本人でやんの。サッカーがわかってないでやんの」とバカにされるのが怖いのだ。

この心理がサッカー観戦のハードルを高くするのに一役買っていることは、言うまでもない。本当は一対一の勝負が大好きなのに、その嗜好《しこう》を封印して、小難しいフォーメーション図を勉強しなければならない（という空気が立ちこめている）のでは、サッカーを敬遠する人が多くなるのも無理はないだろう。

だいたい、プレイヤーを将棋の駒のように扱う「図上演習」からは、選手たちの人間味というものが見えてこない。サッカー観戦の喜びの一つは、選手たちがフィールド上で見せる喜怒哀楽《きどあいらく》に接することだ。私たちは、ときにその姿に共感し、ときに反発を覚えたりしながら、人間の強さや弱さを知る。「個」の素顔が剝《む》き出しになる一対一の局面は、そんな人間臭さがもっとも強く感じられる場面だ。

たとえば一九九八年フランスW杯のアルゼンチン×イングランド（決勝トーナメント一回戦）では、シメオネの挑発に乗ったベッカムが「報復キック」で一発レッドを食らう場面があった。あれも広い意味の「一対一の勝負」だ。あのときイングランドのファンは「なんと愚《おろ》かなことを」とベッカムを罵《ののし》ったが、あの場面であえせざるをえないのもまた人間である。私はあの場面に、シメオネとの勝負に負けたくなかったベッカムの「強さ」と、報復を我慢できなかった「弱さ」の両面を見る。そして彼は、あの勝負を経験したことで、フットボーラーとして大きく成長したはずだ。

そういうサッカーの醍醐味《だいごみ》を堪能《たんのう》するためにも、私たちは翼や岬や日向たちと同様、一対一の勝負にこだわり、それを心から楽しむべきだ。それはサッカーのファン層を拡大し、日本人がサッカーに抱いている敗北感を消し去るだろう。そうやってファンが「日本人らしい見方」に自信を持つことが、日本の勝利につながるのである。

第二章　シュート讃歌

「キラーパス」より「ドライブシュート」を

「ボールのないところの動き」よりシュートシーンを見よ

この国のサッカー界には、いわゆる「にわかファン」を軽蔑《けいべつ》する空気がある。軽蔑と言って悪ければ、「冷遇」と言い換えてもよい。たとえばインターネット上にあまたあるサッカー関係の掲示板を少し眺《なが》めてみれば、誰でもそれをたちどころに感じられる。いかにも「にわか」っぽい人の素朴な意見に対して、「だからサッカー知らない奴《やつ》は困るんだよな」といったニュアンスの陰険なレスポンスを書き込む者が多いのだ。

こうした「にわか蔑視《べっし》」のファン心理は、サッカーだけのものではない。たとえばアイドル歌手のファンにもそういうところがある。売れない時代から熱心に応援していたアイドルが突如ブレイクして大人気になると、新しいファンに対して、「アタシは売れない頃から知ってるのよ」とマウンティングしたり、「ただのミーハーじゃないの」とバカにしたりするのだ。要するに、「こんな奴らと一緒にしてほしくない」ということだろう。新参者と一緒にされると、自尊心がひどく傷ついてしまうのである。

まあ、そんなマニアの自尊心がどうなろうと知ったことではないから、にわかファンとしては放っておけばよろしい。好きなものを好きなように見て好きなように語ればいいのだ。遠慮する必要はまったくない。

しかし現実問題として、この排他的な「にわか蔑視」の風潮は、「日本人にサッカーはわからない」という自虐と相まって、「詳しい人」と「詳しくない人」のあいだに埋めがたい断絶をもたらし、サッカーを気軽に語れないものにしている。多くのにわかファンが、「こいつ、サッカーわかってねえな」と言われるのを恐れるがゆえに、この至上の娯楽について語り合うのをためらい、その楽しみを奪われているのである。

たとえば柳沢敦《あつし》のプレイに対して、にわかファンが「なんでシュート撃たないいんだよう。フォワード（ＦＷ）なんだから撃たなきゃダメじゃないかよう」と文句を言ったとしよう。次の瞬間、彼はこう言われてシュンとすることになる。

「わかってねえなぁ。ヤナギが動いてスペース作ってるから、ほかの奴がシュート撃てるんじゃゃんか。ボールのないところの動きを見なきゃダメだよ」

これだ。ボールのないところの動きだ。これほど、にわかファンを怯《おび》えさせるものはない。こう言われた時点で、もうお手上げである。いくら見ても「ボールのないところの動き」が理解できないために、サッカーから脱落していった人間がどれだけいたことか。必死になってそればかり目で追っているうちに、ふと気づくといつもシュートシーンを見逃すようになってしまい、サッカーを見るのがつまらなくなってしまった人もいる。気の毒な話である。

むろん私だって、「ボールのないところの動き」が大事でないとは言わない。それが理解できれば、サッカーをより面白く観戦できることもたしかだろう。

だが、考えてもみてほしい。サッカーは二十二人でやっているのだ。そのうち、ボールにからんでプレイしているのは、攻撃側と守備側を合わせて多くても四人ぐらいのものである。ほかの十八人は、「ボールのないところ」で動いている。テレビの場合は全員が映っているわけではないが、カメラが引いて撮《と》っていれば、「ボールのないところの動き」をしている選手が十人やそこらはいるだろう。そんなにたくさんの人間の動きを、どうやってチェックしろと言うのだ。サッカー観戦者の大半は、聖徳太子ではない。

それに、「ボールのないところの動き」を無視したって、サッカーは十分にエキサイティングだ。少なくとも、そんなものにとらわれて豪快なシュートシーンを見逃すくらいなら、はじめから「ボールのあるところ」だけ追っていたほうがマシである。

対島田小戦におけるハットトリックの意味

翼たちのサッカーも、その最大の見所はシュートシーンだ。日向小次郎のタイガーショットや雷獣シュート、松山光のイーグルショット、早田誠のカミソリシュート、立花兄弟のスカイラブ・ハリケーン、そして大空翼のフライング・ドライブシュートといった凄《すさ》まじいシュートの数々は、見る者を興奮させずにはおかない。

翼たちの数々のシュートの中でも、ひときわ輝く日向の雷獣シュート。
グラウンドを蹴ることで足をしならせてボールに反動をつけ、
ゴールネットを突き破るほどの破壊力を誇る。
『キャプテン翼　ワールドユース編』第9巻、41ページ

そもそも翼のサッカーは、シュートに始まりシュートに終わると言っても過言ではなかろう。彼の本格的なサッカー人生は、小学生時代に、ロベルト本郷がやってみせたオーバーヘッド・シュートをマスターするところから始まった。バルセロナBチームの一員として迎えたスペインリーグ二部の開幕戦（対アルバセテ）では、キックオフと同時にセンターサークルから得意のドライブシュートを放ち、驚異的な先制ゴールを決めている。シュートの大切さを誰よりもよく心得ているのが、大空翼なのだ。

もちろん、彼はシュートだけの選手ではない。ポジションもセンターフォワードではなく、いわゆるトップ下である。バルセロナでB落ちしたのも、監督に「どのポジションがやりたい？」と問われて、エースのリバウールと競合するトップ下を希望したからだった。彼はあくまでも、自分をゲームメーカーだと考えているのである。

当初はセンターフォワードだった彼がゲームメーカーとしての才能に目覚めたのは、全日本少年サッカー大会静岡県予選の準決勝、対島田小戦だった。無名ながら堅いディフェンスとチームワークの良さで勝ち上がってきた島田小を相手に、南葛は思わぬ苦戦を強《し》いられる。楽勝ムードから油断が生じ、後半5分までに2点を献上してしまったのだ。その後、島田小は翼に五〜六人のマークをつけてその動きを封じた。

自分が前線に張りついたままではラチが明かないと考えた翼は、自陣まで下がってボールを奪い、中盤でのパス回しに徹し始める。味方を生かしてゲームメークすることに

翼がゲームメーカーとしての役割に目覚めた対島田小戦。
しかし彼は単なる「パサー」になったわけではない。
この場面でも岬のセンタリングをダイレクトボレーでゴールに叩き込んでいる。
『キャプテン翼』文庫版第2巻、205ページ

活路を見出《みいだ》そうとしたのだ。これで立ち直った南葛イレブンは、ついに島田小の堅牢《けんろう》な守備を崩し、この試合を3―2の大逆転でモノにした。「ゲームメーカー翼」が誕生した試合として、いまだにファンのあいだで語り草になっている名勝負である。

だが、ここで見逃してはならないことがある。この試合で南葛が奪った3点は、すべて翼のゴールなのだ。ゲームメーカーとして新境地を切り開きながら、彼はたった5分間でハットトリックをやってのけた。つまり彼は、ストライカーをやめてゲームメーカーになったのではなく、従来のストライカー機能に自らゲームメーカー機能を付加したのである。シュートの大切さを忘れたわけではない。

ところが世間には、「ゲームメーカー＝パサー」というイメージを抱いている人が多いようだ。その役割を担う選手がしばしば「司令塔」という言葉で形容されるように、パスを出すことでほかの選手を動かし、自らはシュートを撃たないのがゲームメーカーだと思われているのである。だが、ゲームはパスだけで作れるものではない。ゲームの目的がゴールである以上、ゲームメークという作業を仕上げるのは、やはりシュートだ。シュートを撃たないゲームメーカーなど、ゲームメーカーとは呼べないと思う。

目的はゴール、パスは手段

にもかかわらず、日本では「パサーとしてのゲームメーカー」がことのほか讃美《さんび》される傾向がある。実はこれも、サッカー観戦を面倒臭くさせる要因の一つだ。

にわかファンの中には、ゴールを決めた選手を「すごいすごい」と賞賛したときに、「わかってないなぁ」と溜め息をつかれてヘコんだ経験のある人も多いだろう。「あのゴールは絶妙なラストパスを出した選手の手柄なのに、シュートを決めた奴のことしか見てないなんて、サッカーがわかっていない」というわけだ。

その典型は、日本がW杯初出場を決めた一九九七年のイラン戦における岡野雅行《まさゆき》のゴールデンゴールである。あのとき、大々的に岡野をヒーロー扱いするマスメディアを、「あれは中田の手柄なのに、岡野ばっかりホメるなんて、サッカーがわかってないなぁ」と冷笑するサッカーファンは多かった。この場合、岡野だ野人だ犬より足が速いのだ！　と大騒ぎしていたワイドショーなどのメディアが、「にわかファン」扱いされているのである。

実際あのゴールは、かなりのパーセンテージで「中田のもの」だったと私も思う。あの場合、中田はパスではなくシュートを撃ったわけだが、彼の強引かつ勇敢なプレイがあったからこそ、岡野はゴールデンゴーラーになることができたのである。

しかし、あそこで岡野がゴールキーパー（GK）の弾《はじ》いたボールへ真っ先に到達できず、相手にクリアされていたら、中田のプレイは単なる「惜しいシュート」で片づけられてしまったはずだ。怒濤《どとう》の走りでボールに詰め寄った岡野が、「オレの場合はこっちのほうが確実だ」とクールな判断を下し、常識では考えられないスライディングシュートを選択したからこそ、中田のプレイも高く評価され、私たちにとって忘れがたいものになったのである。

たしかに、ゴールはシュートを放った選手だけの手柄ではない。正確なクロスボールや華麗《かれい》なスルーパスによってそれをアシストした選手が賞賛されるのは当然である。むろん、「ボールのないところ」で敵のディフェンダー（DF）を引きつけ、味方ストライカーをフリーにした選手もいるだろう。フリーキック（FK）が直接ゴールインしたなら、その位置で敵のファウルを誘った選手の手柄でもある。そういったゴールにいたるまでのプロセスを見なければ、選手のプレイを正しく評価することはできない。

だが、あまりにプロセスをたどりすぎるのも問題だ。

アシストした選手がえらいなら、その選手にパスを出した選手もえらいことになる。さらにその選手も誰かからパスを受けているはずだ。そうやって「ゴールの源泉」をどんどん遡《さかのぼ》っていくと、しまいには「最初のキックオフでボールを転がした奴がいちばんえらい」などという話になりかねない。それが「絶妙のボールタッチ」などと賞賛されるのであれば、選手たちは誰もがこぞって「オレにキックオフさせろ」と主張するようになるであろう。なにしろフリーキックを直接ゴールインさせた選手よりも、キックオフで最初にボールを動かした選手のほうがえらいのだ。桶屋《おけや》が儲《もう》かったのが「風のおかげ」と言われるなら、「私は風になりたい」と願う者が増えるのも無理はない。

　どうも話が飛躍しすぎたようだが、要するに私が言いたいのは、目的と手段をはき違えてはイカンということである。たしかに中田やルイ・コスタ（ポルトガル）のスルーパスは美しい。しかしその価値も、ゴールが決まらなければ半減してしまう。パスも「ボールのないところの動き」も、ゴールに結びついたときに初めて、見る者の記憶に強く残る。それはゴールに必要な手段であって、目的ではないからだ。

　人間社会には、手段が目的化してしまうことがよくある。そして、手段が目的化すると、たいがいろくな結果にはならない。たとえば企業や官庁がそうだ。「顧客に良い商品やサービスを提供する」「国民のために奉仕する」という目的を見失い、自分たちの組織を守ることが目的化したとき、その組織は迷走し、腐敗するのである。

　山本七平《しちへい》氏との共著『日本人と「日本病」について』（文春学藝ライブラリー）で岸田秀《しゅう》氏が述べているところによれば、手段が目的化し、本来の目的より優位に立つことを、精神分析ではフェティシズムと呼ぶそうだ。ちなみに岸田氏は、第二次世界大戦中の日本軍は「勇気フェティシズム」に陥《おちい》っていた、つまり勝つための手段である勇気が目的化していた、と分析している。その表現を借りるなら、組織を守ることだけに血《ち》道《みち》をあげるのは、さしずめ「組織フェチ」ということになろうか。

それと同様、シュートの大切さを忘れて、パスや「ボールのないところの動き」にばかり注目するのも、ある種のフェティシズムだろう。社会に迷惑をかけない倒錯趣味《とうさくしゅみ》もあるから、フェティシズム一般に文句をつけるつもりはない。にわかファンを嫌うマニアと同じく、放っておけばいい。しかし少なくとも私は、「パスフェチ」にも「ボールのないところフェチ」にもなりたくはない。

第三章　「数的有利」の罠

選択肢の数と人間心理

十人でも十一人分のサッカーはできる

サッカーは数のゲームだ、と言われる。ここで言う「数」とは、もちろん試合のスコアのことではなく、「人数」のことだ。

ゴールを奪おうとするとき、選手たちは、「いかにフリーの選手を作るか」に腐心する。全員に相手のマークがしっかりついている状態でゴールを決めるのは容易ではない。逆に、たとえば三人で攻め上がったとき、その前に敵のＤＦが二人しかいなければ、一人はフリーでシュートを撃つことができる。同数のＤＦがいても、ボールを持った選手がドリブルで相手を抜き、一人を置き去りにすれば同じことだ。いわゆる「数的有利」の状況である。攻撃時にこの状態を作り、守備時に相手をこの状態にしないことが重視されるから、サッカーは「数のゲーム」なのだ。

理屈のうえでは、まったくもって正しい見方だろう。誰が考えたって、三対三より三対二の状況のほうが、点が入りやすいに決まっている。

しかし現実の試合を見ていると、これは机上の空論ではないかと感じることが少なくない。明らかな数的有利が、ゴールや勝利に結びつかないことがとても多いのだ。

たとえば、一方のチームが早い時間帯に退場者を出して十人になったケース。相手チームにとっては、典型的な数的有利の状況である。フォーメーション図を使った図上演習を行えば、よほど双方の実力に大きな差がないかぎり、ほぼ間違いなく「十人になったほうの負け」という結論になるだろう。ところが実際の試合では、そうならないことがよくある。十人のチームが守りきって引き分けに持ち込んだり、ゴールを奪って勝ってしまうケースは少しも珍しくない。このあたりが図上演習と現実の違いであり、サッカーの面白いところでもある。「駒」ではない生身《なまみ》の人間がやっていることだから、〈11－10＝1〉という机上の計算どおりには事が運ばないのだ。

大空翼のキャリアの中でも最高に感動的な試合の一つとして知られる、フランス×日本（国際ジュニアユース準決勝）がそうだった。この試合では、前半の早い時間帯に早田がナポレオンとの競《せ》り合いを通じて二度の警告を受け、退場させられている。さらに、ホームのフランスには圧倒的な観客の声援があり、審判もフランス寄りの判定を連発していたので、十人の日本は十二人以上を相手に戦っていたとさえ言えるだろう。

いささか話は逸《そ》れるが、あの主審、後半にフランスのゴールを取り消して「われわれ審判はいつも公平だ」などと心の中で呟《つぶや》いていたものの、この判定は「ちと、やりすぎたかな」と思って少し日本にお釣りを返してみただけのことで、やはり本心ではフランスに勝たせたかったのだと私は思っている。相次いだノーゴールの判定のうち、とりわけ納得がいかないのは、前半終了直前に翼がシュートを放った際、ゴールイン寸前にタ

フランス戦（国際ジュニアユース準決勝）は、日本が数的不利を克服した感動的な一戦。１人少なくてもスキを見せない日本の守備がフランスを焦らせ、精神的に追い込んだのである。
『キャプテン翼』文庫版第18巻、278ページ

早田《そうだ》のぬけた穴《あな》ひとりで二倍《ばい》のはたらきはできない
しかし のこった10人《にん》ひとりひとりがいつもより 少《すこ》しがんばれば一・二倍《ばい》がんばれば10人《にん》でひとり分《ぶん》できるんだ
それで早田《そうだ》の穴《あな》はうまる
4点目《てんめ》はぜったい入《い》れさせるわけにはいかないんだ
DANZ
3 1 JAP

イムアップの笛を吹いたことだ。さらに話は逸れるが、あんなタイミングで笛を吹くのが許されるなら、一九九三年の「ドーハの悲劇」は起こらなかっただろう。ショートコーナーからイラクの選手がゴール前にクロスを上げた瞬間に、試合を終わらせればよかったのだ。

だが、中山のオフサイドを見逃して日本の2点目を認めた主審でさえ、それはできなかった。あの最終予選は、問題のイラク戦にかぎらず日本贔屓《びいき》の判定が多かったことが半ば公然の事実として語られている。そんな大会の審判すら遠慮したほどのタブーを犯し、前半を恣意的《しいてき》に終わらせたフランス×日本戦の主審は、ドーハ以上に不公平なジャッジをしていたのだと私は決めつけたい。

そんな私の怒りをよそに、翼たちは持ち前の粘り強さを発揮してゲームを4―4のタイに持ち込み、ペナルティキック（PK）戦を制して決勝進出を果たした。圧倒的な「数的不利」を克服した背景に、「十人がいつもより一・一倍がんばれば、早田の穴はうまる」という彼らの前向きな考え方があったことは言うまでもない。各自が仕事量を十パーセントずつ増やせば、十人で十一人分のサッカーをすることは可能なのである。

しかも、数的有利を得た側には油断が生じる。相手の人数が減ったとたんに安心感が芽生え、無意識のうちに手を抜いてしまうのだ。人間とはそういうものだろう。私も、原稿の締切りが想定していた日よりも何日か先に延びると、不思議なことに一日の仕事量が三割ほど落ちる。執筆作業は机上の計算どおりには進まず、その延びた締切りにも間に合わない。せっかくの日数的有利を生かすことができないのだ。これは決して私がダメな人間だからではない。人間心理の必然なのである。

選択肢は多ければいいというものではない

そんなわけだから、数的有利は必ずしも有利にはならない。「有利だ」と思った瞬間に「人数が多いのに負けるわけにはいかない」という心理的なプレッシャーがかかり、ふだんの実力を出せなくなることもあるだろう。

退場者が出たときだけではない。ある局面で二対一や三対二といった数的有利が発生したときにも、同じことが言える。たとえばカウンターからの速攻で相手の戻りが遅れ、二人のアタッカーが一人のＤＦと対峙した。このチャンスをあっさりとモノにできるほどサッカーは簡単ではない。とくに日本の選手には、こういった場面で「決めなきゃ何を言われるかわからない」と思ってガチガチになり、イージーなシュートをはずす者が多いように私には思える。そこでプレッシャーを感じず、逆に「でへへへ、こんなおいしいチャンス、逃しとる場合ちゃうでぇ」と舌なめずりするような人間こそ、ストライカーに向いているのではないだろうか。

ただし、こうした数的有利の場面でミスをするのは、ストライカーだけではない。シュートする以前に、ラストパスを出す選手の「迷い」によって、せっかくのチャンスが台無しになることも多いのだ。

たとえば三対二の局面になったとき、ボールを持っている選手には三つの選択肢がある。右の選手にパスを出すか、左の選手にパスを出すか、自分でドリブルしてシュートまで持ち込むか、だ。必ず一人はフリーになるのだから、それが誰かを見きわめて、プレイを選択すればよい。図上演習なら、どうやったって1点が入る。

しかし、これが実際には難しいのである。迷った挙げ句に最悪の選択をしてチャンスをフイにし、頭を抱える選手の姿を、私は何度となく見てきた。ベストの選択をして見事にゴールが決まるシーンのほうが少ないと言っていいと思う。

そこで思い出されるのが、二〇〇一年のブラジル×パラグアイ（南米選手権）で見たワンシーンである。前半、パラグアイの選手が二人でカウンター・アタックを開始した。ブラジルは二枚のセンターバック（CB）を後ろに残していたので、まずは二対二だ。

ところがCB以外は完全に前がかりになっていたブラジルは、前線から誰も戻ってこない。一方のパラグアイは、後から後から選手たちが猛然と駆け上がってくる。テレビの画面の外から次々とカメラの前に姿を現す選手のユニフォームは、カナリア色ではなく、赤と白のストライプばかりだ。そのため二対二が三対二になり、四対二になり、最後には五対二という笑いが止まらないほどの数的有利が出現した。五対二である。三人も多いのである。滅多に見られるものではない。五人のうち一人が赤ん坊だったとしても、ゴールが決まるのは確実だ。プロにとっては、入るかどうかよりも、「いかに美しく決めるか」が問われる場面だろう。

私は、パラグアイがどんな方法でゴールを奪うのかと、ワクワクしながらテレビ画面を見つめた。ところが。ドリブルでペナルティエリアまでボールを運んだ選手は、何がしたいのか皆目《かいもく》わからない中途半端なパス（というか単なるキック）を行い、これがブラジル選手の足に当たって、ボールはタッチラインの外に出てしまったのである。間抜けとしか言いようのないプレイだった。

しかし、このような選択ミスによって数的有利を無にした選手のことを、私たちは責めることができるだろうか。

人間、何をするにしても、選択肢が多いほど迷うものである。迷い抜いた挙げ句に最悪の選択をしてしまった経験が、誰にでもあるはずだ。私も、ファミリーレストランのメニューをさんざん睨んだ挙げ句にろくでもない料理を注文してしまい、激しく後悔することがよくある。そして、家を出る前から「あれ食べよ」と決めていた妻が旨《うま》そうに食するイタリアンハンバーグを、羨望《せんぼう》の眼差しで眺めるのだ。

選択肢は、多いほうがいいとはかぎらない。二人も三人もフリーの選手がいるときより、選択肢が一つしかない状況で「ここしかない！」と出したギリギリのスルーパスのほうが、得点に結びつくことが多いのだ。たしかにサッカーには「数のゲーム」という側面があるが、それは同時に「集中力のゲーム」でもある。有利になったからといって、気を緩めてはいけない。サッカーも、そして、仕事も。

第四章　陶酔のゴール・パフォーマンス

ナイジェリアに期待する

一カ月に1ゴールも入らなかった南葛×東邦戦

サッカーほどスリルとサスペンスに溢《あふ》れた娯楽はない。そして、サッカーの試合が見る者をスリルとサスペンスの渦に巻き込むのは、言うまでもなく、それが極端にロースコアな競技だからだ。「点が入らないからツマラナイ」はしばしば非サッカーファンが口にする紋切り型のイチャモンだが、サッカーは点があまり入らないがゆえに、最大級のスリルとサスペンスを味わわせてくれるのである。

実際、応援しているチームが相手に先制点を許しただけで、これほど絶望的な気分になるスポーツがほかにあるだろうか。日本が初めてW杯に出場した一九九八年フランスW杯のアルゼンチン戦やクロアチア戦を思い出してほしい。バティストゥータやスーケルのゴールが決まった瞬間、私たちは深い深い奈落《ならく》の底に突き落とされたように落ち込んだ。のほほんと平和な日常を暮らしている人間が、あれほどの落胆を味わうことは滅多にない。

もちろん愛するチームがゴールを奪えば、それが歓喜に変わる。この歓喜も、日常レベルではなかなか味わえないほど大きなものだ。サッカーはロースコアであることで、見る者の喜怒哀楽を大きく揺さぶる。その極端な感情の振幅が、私たちに人間の豊かさを思い出させてくれるから、サッカーは世界最高の娯楽になったのである。

翼たちのサッカーも、そんなスリルとサスペンスに満ちている。だからこそ、彼らのサッカーはワールドクラスの人気を勝ち得た。「やけに点がたくさん入るじゃないか」と言う人もあるだろうが、それは誤解というものだ。

たしかに翼たちの試合には激しい点の取り合いが多い。だが、それがどれだけの時間を費やしているか考えてほしい。たとえば南葛中×東邦学園（全国中学生サッカー大会決勝）は、大空翼と日向小次郎の壮絶なゴール合戦の末、4―4の引き分けに終わっている。中学生の大会なので試合時間が短いことを考えれば、延長を含めて8ゴールはかなり多い。だがこの試合、前半のキックオフから延長後半のタイムアップまで、およそ四十週間を要しているのだ。平均すれば、一カ月に1ゴールも入っていない。リアルタイムで連載を「観戦」していた人々は、ふつう以上にゴールシーンを渇望《かつぼう》し、二人のシュートがゴールネットを揺らすたびに大きな歓喜と絶望を味わっていたのである。そういう点でも、ここにはサッカーの本質が描かれていると言っていいだろう。

そもそもサッカーは、なかなか点が入らないようにできている。スタンドで観戦すると、ゴールマウスがやけに小さく見えるものだ。あんなところにボールを入れられるわけがないじゃないか、と愚痴《ぐち》の一つもこぼしたくなるくらい、狭い。たぶん、もともとは「どっちかが1点取ったら終わり」のゲームだったから、そう簡単にゴールが決まったのでは面白くなかったのだ。だから、あえて点が入りにくい環境が用意されている。オフサイドのルールも、ゴールを困難にしてゲームを面白くするための工夫として生まれたものにちがいない。私は小学生のとき、女子が「オフサイドなし」で試合をしているのを見たことがあるが、やたら点がたくさん入って、それはそれはツマラナイものだったと記憶している。

理屈や常識では説明できない行為

さて、困難なものだからこそ、ゴールを決めた選手は比類なき歓喜を味わう。おそらくそれは、全身にビリビリと電気が走るような、えもいわれぬ快感であることだろう。ゴールした直後の選手たちの行動を見れば、それが並大抵の快感ではないことは想像がつく。彼らは往々にして、ふつうでは考えられない振る舞いをするのだ。

たとえば得点者の中には、祝福するために駆け寄るチームメイトと「追いかけっこ」を演じる者が少なくない。ゴールした瞬間、やおらアテもなく全力で走り始め、抱きつこうとする仲間をラグビー選手のように手で払いのけながら、どこまでも突進するのである。試合中には見せない華麗なフェイントで、追っ手を振りきる者もいる。全然、意味がわからない。理屈や常識では説明できない行動である。

もっとわからないのは、「ユニフォームを脱ぐ人」が多いことだ。なぜゴールを決めた選手は、シャツを脱ぎたがるのだろう。これも理屈や常識では説明できない。もしかしたら、すごく暑いのだろうか。ゴールを決めると体温が急激に上昇するとでも言うのか。あるいは、何か「手に持ってぐるぐる振り回すモノ」が欲しいのかもしれない。人間には、嬉しいときに何かをぐるぐる振り回したい衝動があるのだ。たぶん。

まあ、何であれ脱ぎたければ脱げばいいと思うし、あれに目くじらを立ててイエローカードを出すのも無粋《ぶすい》だとは思う。だが、「脱いだシャツを再び着るときの姿」があまりかっこいいものでないことも事実である。

私が見た中でとくにみっともなかったのは、二〇〇一年のパラグアイ×アルゼンチン（W杯南米予選）におけるバティストゥータ（アルゼンチン）の「シャツ脱ぎ」だ。同点ゴールを決めてユニフォームを脱いだバティは、ひとしきり走り回って喜びを表現した後、シャツの袖がこんがらがって自分で着られなくなってしまったのである。しょうがないので、近くにいた後輩のベーロンがシャツを預かり、袖を直して着やすいようにしてから先輩に返していた。子供じゃないんだから、脱いだシャツぐらい自分で直したほうがいいと思う。

いずれにしろ、理屈や常識では説明できないほど強烈な歓喜が、彼らをわけのわからない行動に駆り立てているのは間違いない。ちなみに私の知る範囲でもっとも意味不明だったゴール・パフォーマンスは、一九九五年のアヤックス×ミラン（欧州チャンピオンズリーグ決勝）におけるクライファート（アヤックス）の行動である。試合は1―0でアヤックスが勝ったのだが、後半も押し詰まった時間帯に決勝ゴールを決めたクライファートは、ベンチのファン・ハール監督に向かって全力疾走しながら、なぜかシャツを後ろ前に着替えてみせた。まず左腕を抜き、次に右腕を抜き、背番号が前にくるようにシャツをぐるりと回して、左袖に右腕、右袖に左腕を通す。あれほどの興奮状態に置かれた人間が、こんなにややこしいことを思いつくものだろうか。

喜びのあまり、シャツを後ろ前にする人。

そんなものを見られるのは、おそらくサッカーだけだ。

しかし、ごく短時間のうちに、しかも走りながらこれだけの作業をやってのけたクライファートのスキルの高さには、驚きを禁じえない。ゴール後のパフォーマンスにもいろいろあるが、これはサッカー史上もっとも難度の高いパフォーマンスだろう。その証拠に、少なくとも私はこれを真似《まね》している選手を見たことがない。

ナイジェリアに注目せよ

そのほかにも、「持ちネタ」としてオリジナルなパフォーマンスを開発する選手は大

南葛中との決勝、前半22分でハットトリックを決めた日向は、
4点差、5点差とさらにリードを広げると宣言。
この挑発が翼のガッツに火をつけ、歴史的死闘のゴングとなった。
『キャプテン翼』文庫版第13巻、65ページ

勢いる。日向小次郎の「右腕突き上げ」も、印象的なパフォーマンスの一つだ。ふだんは人さし指を天に向かって突き上げ、「オレがナンバーワン」であることを誇示する彼だが、南葛中との決勝で3点目を決めたときには、まずVサインを掲げ、三本、四本と増やすことで、「もっと点差を広げるぜ」というメッセージを発している。

こうした独自のスタイルを持つことは、ストライカーとしての自信の表れとも言えるだろう。バティストゥータの場合も、「シャツ脱ぎ」はカッコ悪かったが、彼の「マシンガン撃ち」はゴール・パフォーマンスの名作の一つと言ってよい。たまにボゴシアン（フランス）が真似していたが、やはりあれをやらせたらバティの右に出る者はいないと思う。似たパターンとしては、ソニー・アンデルソン（ブラジル）がバルセロナ時代によく見せた「二挺《にちょう》拳銃撃ち」がある。両手を拳銃の形にしてデタラメに撃ちまくる姿は、ゴール後の精神的な錯乱状態を実によく表現していた。

一方、多くの選手が好む定番として広まっているパフォーマンスもある。一九九四年アメリカW杯のブラジル×オランダ（準々決勝）でベベット（ブラジル）が披露した「ゆりかご」などは、その代表と言えるだろう。もはや両腕で赤ん坊を揺らす仕種《しぐさ》は、父親になったばかりの選手に半ば義務づけられた「お約束」になった感がある。

それ以外には、「もっとオレ様の名前を呼べ」とばかりに手を耳に当ててホームの観客席を見上げる選手も多い。逆にアウエーでは、敵のファンを刺激しないよう「そんなに騒ぐな」と人さし指を口に当てて「しーっ」とやる選手もいる。もっとも、それが相手の気持ちをかえって逆撫《さかな》でしていることは言うまでもない。

ユニフォームの下のTシャツに書いたメッセージやプリントした子供の写真を見せるのもよくある。フランスW杯アジア最終予選の対カザフスタン戦では、中山が自分のユニフォームの下に、累積警告で出場できなかったカズ（三浦知良《かずよし》）のユニフォームを着ていた。さぞや暑苦しくて動きにくかったことだろう。自らゴールを決め、それを見せることができて本当によかったと思う。

いずれにしろ、ゴールの歓喜に酔っている選手の姿を見るのは、私たち観戦者にとっても実に幸福な瞬間だ。とくに私が楽しみにしているのは、ナイジェリアやガーナなどのチームである。彼らの喜び方ほど独特なものはない。

私が初めてそれに衝撃を受けたのは、一九九六年のナイジェリア×ブラジル（アトランタ五輪準決勝）だった。例の「カヌ・ダンス」である。あのヘラヘラした踊りは、サッカー界の常識を覆《くつがえ》すものだった。あれだけの大舞台で重要なゴールを決めた場合、ふつうはもっと力感溢れるガッツポーズを見せるものだろう。ところがヌワンコ・カヌは、「脱力」としか形容しようのない不思議なステップを踏んでみせたのだ。彼だけではない。二〇〇一年のワールドユースでは、エジプトとの準決勝で終盤に決勝点を奪ったガーナが、ゴールを決めた選手のところにヘラヘラと笑いながら集まり、みんなでへラヘラと脱力ダンスを踊っていた。おそらくあの脱力ぶりに、彼らの驚異的なボディ・バランスの秘密が隠れているにちがいない。

また、彼らはよりわかりやすい形で身体能力の高さを見せつけることもある。「バク転」だ。ゴールを決めた後、バク転や側転や宙返りをやって見せる選手は多いが、その美しさと完成度はやはり彼らがいちばんだろう。

二〇〇一年秋にイギリスで行われた日本との親善試合でも、ナイジェリアの選手たちがそれをやってくれた。彼らが凄《すご》いのは、ゴールを決めた選手だけでなく、それを祝福する選手までバク転をしていることだ。あの試合で、数人の選手が同時にバク転をする躍動感に満ちたシーンを目撃し、驚きの溜め息をもらしたのは私だけではないと思う。

どうせならナイジェリアには、いずれ「全員でバク転」にチャレンジしてもらいたい。ゴールが決まった直後、フィールド全体を使って縦横無尽《じゅうおうむじん》にバク転を繰り広げる十一人のナイジェリア人たち。中には、コーナーフラッグのところでムーンサルトの着地を決めている者もいるかもしれない。そのファンタスティックな光景は、全世界をウットリとさせることだろう。

第五章　フリーキック大作戦

もっと意表を衝いてくれ！

チームの「企画力」が問われるサインプレイ

翼たちのサッカーには、「驚き」が満ちている。

たとえば、敵に四方を囲まれて身動きが取れなくなったとき、「空」にスペースを見つけてボールを高く蹴り上げた翼のプレイ。転んだと見せかけて、後ろ足で浮かせたボールを相手の背後に落としてから、ゴロゴロ前転しながら相手の脇をすり抜けるオワイラン（サウジアラビア）の個人技。直角フェイントを読んだ相手の裏をかく、葵新伍の一八〇度フェイント（要するに直進）などなど、見る者が意表を衝《つ》かれ、思わず「その手があったかぁ！」と膝《ひざ》を叩《たた》くようなプレイが、彼らの試合には山のようにある。

そして私たちは、そんなプレイに接するたびに、「サッカーはこうでなくっちゃ」と思う。私たちは、サッカーに驚きたいのである。意表を衝かれたがっているのである。

どんなスポーツにも驚きはあるが、サッカーの与えるそれは格別だ。ルール上の制約がきわめて少なく、次のプレイをどうするかが選手の自由に委《ゆだ》ねられているため、意表を衝くアイデアや動きの入り込む余地が多いのだろう。

たとえば野球の場合、ボールを持った投手は捕手に向かって投げるか、（走者がいれば）牽制球《けんせいきゅう》を投げる以外に選択肢はない。打者は、打ったら二塁や三塁ではなく、必ず一塁に向かって走る。

しかしサッカーの場合、選択肢は無限だ。ロベルト本郷が翼に教科書として与えたノートの五十二ページにも書かれているように、グラウンドの中央でボールを持ったら、ドリブルをしてもパスをしてもシュートをしてもいいし、何もしないで止まってもいい。パスやドリブルの方向も、前、横、後ろなど、どちらでもオーケーだ。

事実、国際ジュニアユース決勝の西ドイツ戦、試合の最中に師匠の教えを思い出した翼は、ドリブルの途中で急に反転して自陣に向かって走り始め、意表を衝かれたカルツが動転している隙《すき》に、再び反転してドライブシュートを放っている。

一九九八年のフランスW杯でも、そんなサッカーの「自由度」を感じさせるプレイがあった。メキシコのブランコが見せた「カニ挟みジャンプ」である。

タッチライン際で二人のマーカーに行く手を阻《はば》まれ、右にも左にも抜けない状況になった場合、ふつうは二人のあいだにボールを通してからそれを追いかける（たいがい「通せんぼ」されて倒れる）か、相手の足に当ててから外に出し、マイボールのスローインを得ようとするものだろう。ところがブランコは、両足でボールを挟んでジャンプし、二人のDFの隙間を突破しようとした。子供が考えそうなプレイだが、それをプロにやられると、「その手があったか」と唸《うな》るしかない。あれ一発で（実際には三発やった）、ブランコが永遠にファンの記憶に残る選手になったことは間違いないと思う。

さて、自由なサッカーのプレイの中でも、とくに観戦者が（むろん相手の選手も）意表を衝かれることが多いのは、ゴール前のＦＫだ。

ただし通常のプレイと違って、これは誰もが「何かやってくるかもしれない」と身構えている分、裏をかくのが容易ではない。咄嗟の「思いつき」ではなく、チーム全体の「企画力」が問われる場面である。入念に準備したサインプレイを、相手の油断を見抜いて「ここぞ」というタイミングで使わなければいけない。野球のスクイズと同じで、相手が予想していないときにやるのが成功の条件だ。

ペナルティエリアの近くにボールが置かれ、守備側が壁を作り、数人のキッカー候補がボールの後ろに立つ。守る側にとっては、誰がシュートを撃つのか当てる「犯人探し」のようなものだ。攻める側は、真犯人を隠すために知恵を絞る。

そのためのもっとも一般的な手段は、「おとり」である。最初に助走した選手Ａがボールの上を通り越し、後ろから走ってきた選手Ｂが蹴る。あるいはＢが蹴ると見せかけて、最初に助走したＡが蹴る。

フランスＷ杯では、イングランドがこれの発展形を見せてくれた。選手Ａが通り越し、次の選手Ｂが蹴るのかと思いきや、彼もボールを通り越す。そして、さっき消えたはずの選手Ａがぐるりと戻ってきてシュートするのである。時間がかかるばかりで大した効き目はなかったが、その無邪気な発想に私は好感を持った。

対サウジアラビア戦（アジアユース１次リーグ）の前半30分、
葵がＧＫに倒されて得たＦＫのチャンス。
「ツバサ以外か」というオワイランの予感は正しかったが……。
『キャプテン翼　ワールドユース編』第８巻、92ページ

しかし、これを放っておくと、AとBがいつまでもぐるぐる走り回って試合の進行が滞《とどこお》るという事態に発展する恐れがある。したがって、いずれ「FK時のボール通過は一人三回まで」といったルールが必要になる日が来るかもしれない。

それ以外にも、「おとり作戦」にはいろいろある。たしかスコットランドだったと記憶しているが、フランスW杯では、AとBが同時に助走を始めてぶつかりそうになり、「おいおい、オレが先じゃなかったの?」と顔を見合わせて相手を油断させてから、急にAが再び助走を開始して蹴る、という芝居がかった手口もあった。もしかしたら本当に息が合わなかったのかもしれないが、そうだとしても、そこで相手の油断に気づいてすぐにキックした選手の機転はなかなかのものだと思う。

もっとも、これも大した効果はなく、虚《むな》しい独り相撲に終わってしまった。英国のチームには、「企画倒れ」という悪い癖《くせ》があるのかもしれない。

本格推理小説並みのドンデン返し

企画倒れに終わらず、見事にゴールが決まった「おとり作戦」の中でも、私が過去にもっとも感心したのは、日本×サウジアラビア(アジアユース選手権一次リーグ)における岬太郎のアイデアである。

ゴール正面、ペナルティアークの少し外という絶好の位置で得たＦＫのチャンス。ここで日本はボールの後ろに、タイガーショットの日向、イーグルショットの松山、ドライブシュートをマスターした三杉、そしてフライング・ドライブシュートの翼と、四人の選手を並べた。岬は、ゴールに背を向けてボールの前に立っている。彼がボールを軽く蹴って、四人のうち誰かにシュートを撃たせるのだろう、と誰もが思った。サウジの司令塔オワイランも、そう考えて対策を練っている。味方の選手たちには翼に集中するよう指示し、ほかの三人が蹴った場合は自分がそれを止めるべく、それぞれのシュートの軌道を思い浮かべてイメージトレーニングに励んだのだ。

ところが、真犯人は四人のうち誰でもなかった。予想を裏切って右足を大きく振り上げた岬が、なんと横に向かってボールを蹴り、これが大きな弧を描いてゴールに突き刺さったのである。本格推理小説並みのドンデン返しだった。アフリカを放浪中に身につけたブーメランシュートという必殺技があったればこそのプレイだが、これぞ究極の「おとり作戦」と言っていいだろう。少なくとも、あんなに贅沢《ぜいたく》なメンバーをおとりに使ったフリーキックを、私はほかに見たことがない。

意表を衝かれたという点では、フランスＷ杯のイングランド戦（決勝トーナメント一回戦）でアルゼンチンが見せたＦＫも、岬のアイデアに匹敵するものだった。オーウェンの独走ゴールやベッカムの退場劇に隠れて忘れられがちなシーンだが、これも記憶にとどめておきたいプレイの一つである。

前半のロスタイム。オーウェンのゴールもあって、イングランドが2―1とリードしている。ここでアルゼンチンは、ちょうど岬が決めたのと同じような位置でFKを得た。選手A（バティストゥータ）がボールを通過し、選手B（ベーロン）が助走を開始する。しかしベーロンは、イングランドの予想を裏切ってシュートを撃たず、丁寧《ていねい》なインサイドキックで、壁の右側にパスを出した。

なぜ、そこにサネッティがフリーで立っていたのか、リアルタイムで気づいたテレビ観戦者はまずいないだろう。いないはずの人間が、そこにいた。まるで奇術か忍術である。私もテレビのリプレイを見るまで、狐《きつね》につままれたような気分だった。

あらためて見ると、ボールが置かれたとき、サネッティはイングランドの壁の後ろに身を隠している。そしてベーロンがキックする寸前に横へ飛び出し、そのパスを受け、楽々とゴールに蹴り入れたのであった。このプレイは、2―2の同点に追いついたということだけでなく、オーウェンの伝説的なゴールによって失った自信を取り戻すうえでも、大きな意味があったのではないだろうか。まさに「社運を賭けた一大企画」である。

こういうサインプレイが見る者の胸を打つのは、それが二度と使えない奥の手だからだ。基本的に、同じ手は一度しか使えない。一試合に一度ではなく、一大会に一度である。準々決勝で決まったサインプレイが準決勝や決勝でも通用するほど、相手は愚かで

蹴ったのは４人の誰でもなく、ゴールに背を向けていた岬だった。
アフリカでブーメランシュートを会得して以来、
彼はこの意表を衝く「企画」を密かに温めていたにちがいない。
『キャプテン翼　ワールドユース編』第８巻、100ページ

はない。したがって、それを「使う」と決意するには、相当な勇気がいる。使って失敗したら、せっかくの卓抜《たくばつ》なアイデアも、さんざん時間をかけた練習も、すべて水の泡になってしまうのだ。

いわば、「口説いた相手が絶対にイエスと答える魔法の薬」を一粒だけ持っているようなものである。最高の相手に巡り合ったときに使いたいと思うのが人情だから、それを手に入れた者は、いつ使うべきか死ぬほど迷うことだろう。使った後に、もっと良い相手と出会ったときのことを考えると、そう簡単には使えない。迷った挙げ句、本当に死ぬまで使わずに終わってしまう可能性もある。

それと同様、「まだまだ」と出し惜しみしているうちに大会が終わってしまい、日の目を見ることのなかったサインプレイの売れ残りが、サッカー界の倉庫には山のように眠っているのではないだろうか。もったいない話である。大会終了後に在庫一掃セールを開いて、全部見せてもらいたいと思うのは、私だけではあるまい。

第六章　ＰＫ、失敗の本質

キッカーと観客をめぐる心理学

人間の「予想欲」をかき立てるＰＫ

あとで振り返ったとき、やけにＰＫの場面ばかり印象に残っている大会は、少なくない。たとえば一九九〇年のイタリアＷ杯では、連覇を目指すアルゼンチンが、準々決勝と準決勝のＰＫ戦をモノにしながら、決勝ではブレーメ（西ドイツ）のＰＫ一発に沈んだ。一九九四年のアメリカＷ杯は、いまでも必ず、決勝のＰＫ戦でロベルト・バッジョ（イタリア）のキックがクロスバーを大きく越えたラストシーンとともに思い出される。

一九九九年の南米選手権なら、日本代表が招待されたことよりも、アルゼンチンのパレルモが一試合に三度もＰＫをしくじったことのほうが印象深いぐらいだ。二度ミスしたのに三度目を蹴ったパレルモもパレルモだが、それを許したチームもチームだと思う。

ベルギーとオランダで共催された二〇〇〇年の欧州選手権も、ＰＫによって明暗が分かれた大会だった。優勝候補の筆頭に挙げられたオランダは、イタリアとの準決勝で前後半に一度ずつあったＰＫのチャンスをいずれも逃し、ＰＫ戦でも三本失敗して敗退。また、同じ準決勝で世界王者フランスを土俵際まで追い詰めたポルトガルは、延長戦でＤＦザビエルが痛恨のハンドを犯してＰＫを与え、涙を呑《の》んだ。

主審が笛を吹いた瞬間に1点がほぼ確実視されるＰＫや、最大級の歓喜と絶望が交錯するＰＫ戦が、サッカーの試合における一大事であることは言うまでもないだろう。どんな結果になろうと、それは見る者に強いインパクトを与えずにはおかない。したがって、私たちがそのシーンを長く胸に刻み込んでいるのも当然である。

だが、ＰＫやＰＫ戦が強く印象に残るのは、それが試合を大きく左右することだけが理由ではない。キッカーがボールをペナルティスポットに置き、それを蹴る瞬間まで、私たち観戦者はいろいろなことを考える。それも、ＰＫがひときわ印象に残りやすい理由の一つではないだろうか。

サッカーは、選手にとってだけでなく、観戦者にとっても「シンキング・タイム」が極端に短いスポーツである。少なくとも相撲や野球に比べれば、考える時間はきわめて短い。相撲なら両力士が何度も仕切っているあいだ、野球なら投手が捕手のサインをのぞき込んでいるあいだに、私たちは「次に何が起こるか」をあれこれと考え、一緒に見ている者たちとそれについて語り合ったりするものだ。

しかしサッカーは一瞬一瞬で局面がコロコロ変わるので、そういう余裕がない。中盤でボールを奪った選手が次に何をするかを予想しようとしたその瞬間、そのボールはまた相手に奪われていたりする。そのため私たちはサッカーを見ながら、「よし行けっ」「あ、バカバカ」「うげ」「おりゃ」「やめて」「よして」といった、考えていない人に特有の反射的な言葉を吐き続けてしまうのである。

そんなサッカーの中で唯一、見る者に十分なシンキング・タイムが与えられるのが、セットプレイのときだ。予想はスポーツ観戦の大いなる楽しみの一つであるため、PK、FK、コーナーキック（CK）といったセットプレイになると、私たちはここぞとばかりにいろいろなことを考え始めるのである。

考えるだけでなく、自分の予想を周囲の人々に言いたくなることも多い。とある出版社では、二〇〇一年の日本×オーストラリア（コンフェデレーションズカップ準決勝）で中田英寿が敵の壁をブチ抜くFKを決める前に、一緒にテレビを見ていた同僚たちに向かって、「これが入ったら、オレは巨人ファンをやめる」と宣言した人がいたそうだ。中田のFKと巨人のあいだにどういう脈絡があるのか、よくわからない。たぶん、本人にも明確にはわかっていなかっただろう。だが、彼が何か自分にとって大切なものを賭けたかった気持ちが、私にはよくわかる。未来を予想しようとするとき、人間はえてしてそういう不条理な衝動に駆られるものだ。そして、しばしば自爆する。

彼と巨人の関係がその後どうなったかはともかく、そういうセットプレイの中でも、PKはとりわけ強く人間の予想欲をかき立てる。キッカーがシュートを放つことはわかっているのだ。それが右方向なのか左方向なのか真ん中なのか、強いキックなのかタイミングをはずす緩いボールなのか、枠をとらえられるのか、GKはどちらに飛ぶのかといったことを、何も考えずに見るほうが難しい。

松山の集中を乱した明和ベンチの「待った」

とくに私たちのPK予想が特徴的なのは、「失敗する理由」を懸命に探そうとする点である。言うまでもなく、PKは「入って当たり前」だからだ。入って当たり前のものを「入る」と予想したところで、何も面白くない。それを「入らない」と予想し、失敗した選手の背中を指さしながら「な？　言ったとおりだろ？」と呟いたときに、私たちは何となく自分がえらくなったような気分に浸れるのである。

だが、これは裏目に出ることが多い。PKの直前に、「助走が短すぎる」「助走が長すぎる」「ボールを置いてから時間かけすぎ」「急ぎすぎ」「目が泳いでいる」「GKが大きく見える」「今日は仏滅だ」といったネガティブ・ファクターをズバリと指摘したにもかかわらず、あっさりシュートが決まって木っ端微塵《こ ぱ み じん》に自爆した経験があるのは、決して私だけではあるまい。一緒に観戦している家族のシラケた横顔を見たくない人は、PKを黙って見守ったほうがいいと思う。

そんなわけで、予想はなかなか当たらないのである。おそらく、選手がPKを失敗する原因は、そういう目に見える部分にあるわけではないのだ（仏滅は見えないが）。目に見えない心理的なアヤが、選手にとっては悪夢としか言いようのないミスを引き起こしているにちがいない。

ＰＫを蹴る前にあれこれ考えるのは、選手も同じだろう。ふだんはパスもシュートも瞬時の判断で行っているのに、ＰＫのときは十分すぎるほどのシンキング・タイムが与えられる。単純なプレイだから大して考える必要はないのだが、なにしろ時間があるので、つい余計なことまで考えてしまう選手が多いはずだ。

とくにＰＫ戦で五人目のキッカーに決まっている選手など、その胸中を推察しただけで、気の小さい私は具合が悪くなってしまう。「あー、四人目までで決着つかねーかなー」などという弱気の虫が頭をもたげようとするのを、必死で抑え込んでいるのではなかろうか。ＰＫ戦にしろ、通常のＰＫにしろ、揺れ動く心を自らコントロールするのは容易ではない。

たとえば、ふらの×明和（全日本小学生サッカー大会準決勝）では、明和のハンドで得たＰＫを、キャプテン松山が失敗した。スコアは2―2、後半も残り1分。「決めれば決勝進出」の場面である。これほどプレッシャーのかかる極限状況になると、ＰＫもさすがに「入って当たり前」ではなくなる。

似たケースとして、一九九〇年の西ドイツ×アルゼンチン（イタリアW杯決勝）で、0―0の後半40分に西ドイツに与えられたＰＫを連想する人もいるだろう。ちなみにあのときは、ふだんＰＫを担当しているキャプテンのマテウスが、急遽《きゅうきょ》ブレーメにキッカーの座を譲っている。「重大な場面でキャプテンが失敗するとチームへの精神的なダメージが大きい」というのがその理由だったとも言われているが、要はビビッたのだろうと私は思う。だいたい「失敗」を前提に物事を考えていることが、すでに弱気だ。

ブレーメが決めてくれたからよかったようなものの、もし失敗していたら、チーム全体に「マテウスが蹴ればよかったのに……」という後悔の念が広がっていたことだろう。ふだんどおりにやって失敗するより、ふだんと違うことをやって失敗したときのほうが、ショックは大きい。そして、詳しい説明は後回しにするが、試合中の「後悔」は選手のパフォーマンスを低下させる。

したがって、あの場面で松山がPKを蹴ったこと自体は間違っていない。それに、キャプテンシーの点では翼に勝るとも劣らない強さを持っている松山のことだ。ふつうなら、あの程度のプレッシャーはものともせずに決めてみせたはずである。

だが、そこで松山には気の毒なハプニングが起こった。彼が意を決して助走を始めようとした瞬間、明和ベンチから「待った」がかかり、GKの交代が告げられたのである。松山ほどの精神力の持ち主でも、いったん切れた集中力を再び高めるのは難しかったにちがいない。

むろんあの場面は、途中出場のファーストプレイで見事にPKを止めた若島津の技術と集中力を褒《ほ》めるべきだろう。だが、あのとき「待った」がかからず、松山が自分の間

決勝進出をかけた明和戦の終盤、ふらのに与えられたＰＫ。
明和ベンチの「待った」は松山にとって実に気の毒だった。
謎のＧＫ若島津が初めて公式戦に登場したのがこのゲームである。
『キャプテン翼』文庫版第４巻、228ページ

わ…
若島津《わかしまづ》!!

合いで蹴っていたら、仮にGKが最初から若島津だったとしても、ふらのが決勝進出を果たした可能性が大だったのではないだろうか。もっとも、若島津がスタメン出場していた場合、それ以前にふらのが2点も取れたかどうか疑問なのだが。

思考を過去や未来に飛ばすべからず

タラレバはともかく、スポーツ選手はちょっとした心理の変化によって実力どおりのプレイができなくなるものだ。PKなど、練習どおりの実力を出すことができれば、そう失敗するものではないだろう。しかし松山でさえ、それを失敗する。シドニー五輪のアメリカ戦では、あの中田英寿も失敗した。過去のW杯では、プラティニもジーコもストイコビッチもマラドーナも失敗している。いずれも「心のコンディション」が変調を起こした結果と見るのが自然である。

独自の方法論でアスリートのメンタル・マネジメントを手がけているスポーツドクターの辻秀一《つじしゆういち》先生によれば、練習どおりの実力を本番で発揮できないとき、その選手は「セルフイメージ」が縮小しているという。これはモントリオール五輪（射撃）の金メダリスト、ラニー・バッシャムが最初に提唱した理論で、セルフイメージとは「心のコンディション」を整えるために必要な能力のこと。辻先生の著書『痛快！みんなのスポーツ学』（集英社インターナショナル）の表現を借りれば、〈「自信」や「平常心」などを合わせた広い意味合いの、実力を発揮させるための能力〉のことである。

どんなスポーツも、勝敗の行方は実力だけに左右されるわけではない。試合でのパフォーマンスは「実力＋セルフイメージ」の総和で決まるから、実力的には相手より下でも、セルフイメージが相手よりも大きければ、互角以上の戦いをすることができるのだ。だから、番狂わせも起きるのである。

で、このセルフイメージは、試合中にも大きくなったり小さくなったりしている。本来はセルフイメージの大きい選手でも、ふとしたきっかけで小さくなることがあるのだ。その「きっかけ」にもいろいろあって、詳しくは辻先生の著書を読んでいただきたいのだが、中でもここで取り上げておきたいのは、「セルフイメージは、思考が過去や未来に飛んでいるときに小さくなる」という考え方である。

これは誰にでも身に覚えがあるだろう。昨日や明日のことを考えていると、今日のことが疎《おろそ》かになる、ということだ。私もときどき、「昨日もっと仕事をしておけばよかった」と悔やんだり、「明日の締切りに間に合うだろうか」と不安に苛《さいな》まれているうちに、今日が終わっている。スポーツ選手も、常に「いまするべきことをする」のが大切なのに、「さっきのシュートが入っていれば同点だったのに」とか「このＰＫをはずしたら負ける」などと、考えても仕方のないことを考え、目の前のプレイに集中していないから、セルフイメージが縮小してパフォーマンスが落ちるのだ。

先ほど「後悔」がパフォーマンスを低下させると述べたのは、そういうことである。もしかすると松山の場合も、キックの瞬間、「なんで、あんなイヤなタイミングでGKが交代するんだ」と、わずかに思考が「過去」へ飛んでいたのかもしれない。

逆に、思考が「未来」に飛んでいたためにPKを失敗したと思われるのが、フランス×日本（国際ジュニアユース準決勝）におけるナポレオンである。PK戦でフランスの五番手として登場したナポレオンは、そのPKを蹴ることに集中せず、「明日の決勝で優勝し、自分も得点王になる」なんてことばかり考えていた。この場面も、痛めている右手で「正拳ディフェンス」を決めた若島津を褒めなければいけないが、ナポレオンが「いま」に集中していたら、どうなったかわからない。人間、皮算用にふけってボンヤリしていると、ろくなことはないのである。

第七章　スローイン

「自由なスポーツ」の「不自由なプレイ」

もっとも複雑で、もっとも不自由なプレイ

スローインは、ちょっと粗末に扱われすぎじゃないだろうか。

まず、セットプレイの一種であるにもかかわらず、あまり練習されている気配がない。そう感じるのは、どの試合を見ても、スローインで相手にボールを奪われてしまうシーンがやたらと目につくからだ。

「マイボールを大事にする」がサッカーの基本であることは言うまでもない。だから選手は、ボールがタッチラインを割ったとき、手を挙げてマイボールを主張するのだろう。にもかかわらず、いざスローインをしようとすると、ボールを渡す味方が見つからない。あっちを向いたりこっちを向いたりオロオロした挙げ句、「なむさん！」とばかりにアバウトな方向にボールを投げて、むざむざと相手に渡してしまうのだ。ちゃんと練習しておけば、そんな失態がこうも頻発《ひんぱつ》するはずがないではないか。

また、スローインをする選手はたいがい態度が投げヤリだ。投げるのはヤリではなくボールなのだが、まあ、その気持ちはわからなくもない。なにしろ「フットボール」というぐらいだから、そのプレイヤーが「手で投げる」という行為に意欲的になれないのも無理はないと思う。

しかもスローイン担当者は、どことなく出世コースをはずれた窓際族のごとき寂しさを漂わせていることが多い。

たとえばボールがタッチラインを割ったとき、いちばん近くに9番か10番の選手がいたとしよう。ボールの近くにいるにもかかわらず、彼らがスローインをすることは滅多にない。9番や10番はさっさとフィールド中央の持ち場に戻り、遠くから別のスローイン担当者がえっちらおっちら走ってくる。ボールを拾い上げた9番や10番が、「これ、やっといて」と言わんばかりにひょいと放り投げて担当者に渡すことも多い。

戦術として当然の役割分担とはいえ、そのときスローイン担当者の胸中に、軽い屈辱感がまったくないと言ったらウソになるだろう。会社で言えば、上司から雑用を押しつけられたようなものだ。内心で、「そうかよ。またオレかよ。オレが投げるのかよ」と舌打ちしたくなっても仕方ないではないか。

おまけにこの雑用は、そう簡単なものではない。ルールで、やけに厳しく投げ方が規制されているからだ。

ロベルト・ノートにも書かれているように、サッカーは「もっとも単純で、もっとも自由なスポーツ」である。だが、そんなサッカーの中で「もっとも複雑で、もっとも不自由なプレイ」がスローインではないか。スローイン担当者は、ルールによって創造性の発揮を封じられている。決められた作法に則《のっと》って、マシンのごとくボールを投げ込むことしかできないのだ。愉快なはずがない。
　では、ここで念のため、その規制を確認しておこう。

●タッチラインの内側から投げてはいけない（ただしラインを踏んで投げるのはオーケー。片足か両足が完全にラインの内側に入っているとファウルスロー）。
●投げるときに足を地面から離してはいけない。
●体を投げる方向にまっすぐ向ける。
●ボールを両手で持ち、後ろから頭の上を通過させて投げる。

　なぜ、こんなに不自由な投げ方をしなければいけないのか、よくわからない。あまりに規制が細かいため、このルールはほとんど守られていないのが実情だ。私の見たところ、世界中で投げられているスローインの六割はファウルスローである。

　ところが審判は、たいがい見て見ぬフリをしている。いや、見てもいないのではないかと思えることも多い。そういう意味でも、スローインは粗末に扱われている。たまに思い出したように笛を吹き、驚いた選手が「おいおい」と苦笑することもあるが、そんなシーンは私が見ている年間四百試合のうち十回もない。過去三年間を振り返っても、おそらく二十回あったかどうかである。

そこまで形骸化《けいがいか》しているなら、いっそのこと「ラインの外から手で投げる」という単純なルールにしてもいいのではないか。そうしたところで、さほどゲームの興味を削《そ》ぐことはないはずだ。むしろ、バスケットボール張りのトリッキーな投げ方を開発してスタンドを沸かせる選手も出てきて、面白いのではないかと思う。

そうなれば、相手にボールを奪われるケースも減るにちがいない。投げ入れる方向が体の向きでバレバレだから、スローインは相手に奪われやすいのである。

……なるほど。いま気づいたのだが、つまりスローインの厳格なルールは、ボール奪取の機会を均等にするための配慮なのだろうか。そう言えばラグビーのラインアウトも、ずらりと並んだ両軍選手のあいだにまっすぐ投げ入れることになっている。つまりタッチラインを割ったボールは、どちらのものでもないということだ。ラグビーのラインアウトもサッカーのスローインも、投入権を与えられた側に若干のアドバンテージはあるものの、原則的には「五分五分」のルーズボールなのかもしれない。

だとすると、ますます雑用感が募《つの》る。スローイン担当者は、五分五分に近い確率で相手に渡すことを前提に、ボールを投げ入れるのだ。ドロップボールと同様、審判がやってもかまわない仕事とすら言えるかもしれない。そんな雑用に「真剣に取り組め」と言うのは、いささか酷《こく》というものだ。

大リーグでも通用するロベカルの強肩

しかし、そうは言っても、やはりスローインは大事にしたほうがいい。しっかり練習すれば、わずかなアドバンテージを生かしてチャンスを広げることができるからだ。

そして、その大切さをよく知っているのが、ほかならぬ大空翼である。

意外に忘れられがちな事実だが、史上最年少の十五歳で日本代表（当時の呼称は「全日本」）にピックアップされた翼が、そのデビュー戦（対グレミオ）で見せた最初のプレイは、得意のドリブルでもパスでもシュートでもなく、スローインだった。それも、前転した勢いを利用したロングスローという、密《ひそ》かに練習していたとしか思えないプレイだ。世界を見渡しても、彼ほどスローインに真剣に取り組んでいる「10番」はいない。軽視されがちなスローインさえ、彼は見せるプレイにしてしまう。これぞ大空翼の真骨《しんこつ》頂《ちょう》であり、その強烈なプロ意識の表れなのである。

ならば私たちファンも、見事なスローインを見せる選手に、もっと注目すべきだろう。見る者がスローインを粗末に扱うから、選手も粗末に扱うのだ。ファンが期待のこもった視線を向ければ、選手もスローインを蔑《ないがし》ろにはできない。

実際、投げヤリにボールを投げる選手が多い中、この仕事を自己表現の手段にしている選手はたしかにいる。

たとえば投げ方の点で私がもっとも驚異的だと思うのは、カメルーンのウォメという選手だ。なにしろ彼は、助走なしでゴール前に届くロングスローを入れてみせる。それを可能にしているのが、強靭《きようじん》な体のバネであることは言うまでもない。いや、「体のバネ」と言うよりも、ウォメの場合は「体がバネ」と言ったほうがいいだろう。彼はスローインをするとき、両足を揃《そろ》えて立ち、頭上にボールを掲げたままググッと上半身を後方に反《そ》らせる。いわば、「オウン逆エビ固め状態」だ。そして、ほとんどボールが地面に触れるぐらいまでそっくり返ってから、びよよ〜んと投げるのである。

それだけでも目を疑うが、さらに彼が凄いのは、そんな投げ方をしても両足が微動だにしないことだ。ネジで地面に留めてあるのではないかと疑いたくなるぐらい、動かない。おそるべき身体能力である。

また、球速や球質の点で見る者の度肝《どぎも》を抜くのは、ブラジルのロベルト・カルロスだ。彼のスローインは、そこらの二流サイドアタッカーが足で放り込むへなちょこクロスよりも、よほど強烈である。ライナー性の豪速球が、唸りをあげてゴール前に飛んでゆく。もし彼がブラジルではなく中米のどこかで生まれ、サッカーではなく野球をやっていたら（そしてもう少し大柄だったら）、あのイチローをして「彼から盗塁を決めるのは夢です」と言わしめた大リーグ最高の強肩捕手、イバン・ロドリゲス並みの選手になった

3点差を追う後半に途中出場した翼は、豪快なスローインでチームにカツを入れた。
これで立ち直った全日本は翼のハットトリックで
名門グレミオを相手に価値ある引き分けを手にしている。
『キャプテン翼』文庫版第21巻、228ページ

ボールは一気《いっき》にグレミオゴール前《まえ》へ
いけェ
全日本《ぜんにほん》 これは久《ひさ》びさの得点《とくてん》チャンスだ!!
なにィ
おおっ

かもしれない。

サッカー観戦では、そんな選手たちのスローインを見所の一つにしたいものだ。投げヤリなスローインではなく、ヤリ投げのごとき豪快なスローインが、見たい。

第八章　オウンゴールという自滅　コメディとしてのサッカー

他人の不幸は蜜の味

私たち人間に、人の失敗を見て喜ぶという残酷《ざんこく》な一面があることは否定できない。他人の不幸は蜜の味、だ。サッカーは「ミスのスポーツ」と呼ばれるほど失敗が多いが、それも他人事《ひとごと》であれば上質のエンターテインメントに転化することがある。

サッカーが持つコメディの要素を私が知ったのは、友人が英国で買ってきたビデオを借りて見たときのことだった。古今東西のオウンゴール・シーンばかり集めて編集したビデオである。

そういうモノがあると彼から聞いたとき、英国人は何と残酷なんだろう、と私は思った。オウンゴールといえば、サッカー選手が犯すミスの中でもいちばん物哀《ものがな》しいものだ。選手が自分のゴールにボールを入れてしまった瞬間に訪れる、あのポカンとした虚脱感は、サッカーの持つスリルとサスペンスを一撃で台無しにしてしまうほどの破壊的な哀しみに満ちている。そんな瞬間ばかりを一本のビデオに集めて観賞するなんて、悪趣味にもほどがあるではないか。よほど英国人は意地が悪いにちがいない。

だが、悪趣味で意地が悪いのは英国人だけではなかった。そのビデオを見始めた私は、一発目のシーンから腹をよじって身悶《みもだ》えすることになったのである。

英語が苦手な私にはナレーションが理解できないので、いつのどんな試合なのかはわからない。白黒の映像だったから、かなり古い試合であることはたしかだろう。そのシーンは、ＧＫがボールをキャッチするところから始まった。ボールを大事そうに胸に抱え、用心深く周囲を見回すＧＫ。近くに敵のＦＷがいないことを確認した彼は、味方のＤＦにサイドスローでボールをフィードしようとした。

ところが。ここで彼は、予期せぬ不幸に見舞われてしまう。なぜかボールが手から離れなかったのだ。いや、最後まで離れなかったのなら問題はない。ボールは右手に吸いついたままＧＫの体を中心とする半円を描き、左の腰のあたりでリリースされた。つまり彼は、背後のゴールに自分でボールを放り込んでしまったのである。

涙を流しながら笑った私を、いったい誰が責められるだろう。世界中が固唾《かたず》を呑んで見守るＷ杯の決勝戦で、こんな間抜けな事故が起こらないことを、私は心から祈りたい。万が一そんな決勝ゴールで大会が閉幕してしまったら、すべて台無しになってしまう。

それ以外にも、ＧＫのオウンゴールにはこんなものがあった。ゴールほぼ正面のＦＫである。ちなみに、カメラはゴール裏からその場面をとらえている。左上の隅を狙った鋭いキックに、ＧＫは一歩も反応できない。ボールが枠の外に逸れることを祈りながら振り向くＧＫ。幸いなことに、ボールはゴールポストを直撃して跳ね返った。だが、その幸運も長くは続かない。ボールは振り向いたＧＫの顔面を直撃して逆方向に跳ね返り、ゴールに転がり込んだのであった。

「未必の故意」を感じさせるオウンゴールとは

かつてオウンゴールは、「自殺点」と呼ばれた。たとえば南葛SC×花輪（全日本少年サッカー大会一次リーグ）の一戦で、途中出場の石崎が痛恨のオウンゴールを犯したときも、実況アナが「南葛、自殺点！」と絶叫している。

現在、その陰惨《いんさん》にすぎる語感が嫌われて「自殺点」は死語になっているが、私はサッカーの母国で作られたオウンゴール集ビデオを見た後、それとは別の理由で、この訳語は適当ではないと思った。なぜなら自殺とは、あくまでも本人の意思による行為である。人を殴って死なせても、殺意がなければ殺人罪ではなく傷害致死罪になるのと同様、自殺も自分に対する殺意があるから自殺になる。

だが、八百長でも仕組んでいないかぎり、故意に自分のゴールにボールを入れる選手はいない。みんな、必死に失点を防ごうとしているにもかかわらず、足、頭、膝、胸、腹、肩、背中、顔、尻など体のあらゆる部分を使って、魅入られたようにオウンゴールを決めてしまう。当たり前だが、すべてのオウンゴールは「過失」である。自分の過失で死んだ人を、「自殺した」とは言わないだろう。

もっとも、中にはいわゆる「未必の故意」を感じさせるオウンゴールもないわけではない。「殺す気はなかったが、ここを刺せば相手が死ぬかもしれないと思っていた」というのが「未必の故意」であり、この場合は殺人罪が成立する。最終ラインとGKのあいだに危険なクロスが入ってきたとき、戻りながら懸命にボールに向かって足を投げ出す選手の脳裏をかすめるのが、これではないだろうか。

「入れる気はない。しかしこのボールに触ったら入ってしまうかもしれない」――。

そんな思いがあるからこそ、オウンゴーラーの多くは、その直後にあまり驚いた素振りを見せない。彼らの横顔に浮かぶのは驚愕《きょうがく》ではなく、むしろ「やはりそうだったか」というクールな諦念《ていねん》である。彼は知っていたのだ。自分がそれをやってしまうことを、あらかじめ覚悟していたのだ。

二〇〇〇年の春に行われたマンチェスター・ユナイテッド×レアル・マドリード（欧州チャンピオンズリーグ準々決勝第二戦）で、ユナイテッドの主将ロイ・キーンが決めたオウンゴールが、まさにそういうものだった。マドリードのミチェル・サルガドが入れたグラウンダーのクロスは、放っておけばGKファン・デル・ホーブの手に収まったことだろう。しかし、これをクリアすべく猛然と走り込んできたキーンは、GKの前で体を投げ出してボールのコースを変え、力いっぱいゴールに叩き込んでしまったのである。そのままピッチの上で大の字になったアイルランドの英雄が、天に向かって「ああ、やっぱり」と呟く声が、私には聞こえたような気がした。

とはいえ、仮に未必の故意があったとしても、これを自殺点と呼ぶのはやはり不適切である。犯人が「死ぬかもしれない、しかし死んでもかまわない」と思っているから、未必の故意は「殺意」と認定されるのだ。だが、オウンゴーラーは「入ってもかまわない」と思っているわけではない。それを頭の片隅で予見しながら、あくまでもゴールインを防ぐためにボールに触っている。

では、これを日本語で何と呼べばいいのだろうか。

人間はときとして、良かれと思って行動しながらもなぜか悪いほうへ悪いほうへと進んでしまうことがある。たとえば恋愛がそうだ。好きな相手のために良かれと思ってさんざん尽くし倒した挙げ句、それが裏目に出て煙たがられてしまい、突然サヨナラを告げられることは珍しくない。

これを世間では何と呼ぶか。そう、「自滅」である。より幸福になろうともがき苦しんだ結果、自ら、滅ぶ。そこに漂う哀感こそ、オウンゴールの本質だ。

したがって、あえてオウンゴールを和訳するなら、「自殺点」ではなく「自滅点」のほうがふさわしいと私は思う。ボールをゴールに向かって放り投げてしまったGK、振り向きざまの顔面シュート、ロイ・キーンのプレイなど、あらゆるオウンゴールは「自滅」としか言いようがない。

いかに自滅から立ち直るか

そして、自滅は滑稽《こっけい》だ。少なくとも、自分とは利害関係のない他人が自滅する姿は、往々にして不謹慎な笑いを誘発する。はるか昔の白黒時代に活躍した縁もゆかりもないGKの自滅を見て、「なんて気の毒なんだろう」と同情する者がいたとしたら、それは偽善だ。「バッカだなぁ」と声を上げて笑うのが、人間の本性というものだろう。

ただし、身内や仕事の取引先など近しい者の自滅は、笑い事ではない。サッカーでも、愛するチームの選手が自滅点を決めたとき、私たちの胸中には白々とした脱力感が広がる。必死にプレイした結果だと頭ではわかっているが、その選手への反感を心の中から払拭《ふっしょく》するのは難しい。フィールドのチームメイトたちも同じだろう。ゴールインしたボールと、頭を抱えるオウンゴーラーを見比べながら、彼らは内心で「テメー、何やってんだよ」とボヤいている。中には「よしよし」と不運な仲間の頭を撫《な》でて慰《なぐさ》める者もいるが、その目には「やれやれ」という落胆の色が浮かんでいることが多い。そんなときのオウンゴーラーほど孤立無援な存在が、ほかにあるだろうか。

だが、自滅した選手が精神的に立ち直らないかぎり、チームの勝利はない。一人の自滅を放置すれば、それはやがて応援するファンを含めたチーム全体の自滅につながる。

そこで私は、古今東西すべてのオウンゴーラーに、大空翼の言葉を贈りたい。日本×ウルグアイ（ワールドユース一次リーグ）の後半、ビクトリーノへのスルーパスをゴールインさせてしまった次藤にかけた言葉だ。

「今のゴールは次藤のオウンゴールじゃない。おれたち全員のオウンゴールだ」

チームワークの真髄を端的に表現した名言である。この精神をメンバー全員が共有しているチームこそが、本当に強いチームなのではないか。そして私たちファンもまた、それを「おれたちのオウンゴール」と受け止める精神が求められるのだ。

ところで私は、この科白《せりふ》を吐いたのが翼で本当によかったと思う。もし次藤本人がこれを口走っていたら、その瞬間にチームは崩壊していたことだろう。エラーした選手が「ドンマイ、ドンマイ」と言ってはいけない。

もっとも、チームメイトやファンが冷たい態度を崩さないこともあるから、オウンゴーラーとしては自ら立ち直る工夫をすることも必要だ。そのための一つの方法を示してくれたのが、オランダのヤープ・スタムである。でかい図体《ずうたい》にスキンヘッドという風貌《ふうぼう》からして、泣く子も黙るような威圧感を誇るＤＦだ。

そんな彼がマンチェスター・ユナイテッドに在籍していた頃、エバートンとの試合で、ヘディングによる自滅点を決めてしまったことがある。そのときスタムは悲嘆にくれて頭を抱えたりはしなかった。クールな諦念も見せなかった。では、どうしたかというと、

対ウルグアイ戦（ワールドユース１次リーグ）の後半31分、
次藤のオウンゴールで日本は勝ち越しを許してしまった。
この苦しい局面でチームを結束させた翼のキャプテンシーは尊敬に値する。
『キャプテン翼　ワールドユース編』第15巻、30ページ

彼は憤怒《ふんぬ》の形相を浮かべ、敵・味方を問わず近くにいる選手を手当たり次第につかまえては、何事かを怒鳴り散らしたのだ。いわゆる「逆ギレ」である。見る者すべてを萎《い》縮《しゅく》させるほどの怒りっぷりだった。あそこまで怒っているのを見たら、とても彼を責める気持ちにはならない。誰にでもできる芸当ではないかもしれないが、この理《り》不《ふ》尽《じん》なまでの強靭さが、自滅からおのれを救うのである。

第九章　「フェアプレイ、プリーズ！」怪我と情けと天使と悪魔

天使と悪魔の言い争い

二〇〇一年の九月、スペインリーグの試合で、実に痛々しいシーンがあった。セルタとのダービーマッチで、ルーズボールを相手の選手と競り合って転倒した際、デポルティボ・ラ・コルーニャのマヌエル・パブロが脚を骨折してしまったのだ。接触プレイ自体は、そう激しいものではなかった。ファウルを取られたセルタのジオバネーラも、パブロの脚を見るまでは「いまのはファウルじゃない」と主審に文句をつけていたぐらいだ。まさか相手があんなにひどい怪我《けが》をしたとは思わなかったにちがいない。

だが脚の状態は、ここに書くのがためらわれるほど深刻だった。しかし、あえて書こう。膝の下にもう一つ膝ができたような状態で、スネがぷらんぷらんになっていたのだ。嗚呼《ああ》。サッカーにはこの手のアクシデントがつきものだが、あれほどショッキングな場面は滅多にないと思う。中継のテレビカメラも、試合そっちのけで救急車が到着した様子を映すほどの大事件だった。

あの試合、怪我をした本人はもちろんだが、悪質なプレイではなかったのに怪我の原因を作ってしまったジオバネーラも気の毒だった。ショックありありの様子で、本当なら自分も救急車に同乗して病院へ行きたかったことだろう。気丈に最後までプレイしたものの、タイムアップと同時に顔を覆《おお》って泣いていた。その肩を抱いて、「おまえのせいじゃない」と慰めるラ・コルーニャのマウロ・シルバの姿が印象的だった。

あそこまで深刻なケースでなくとも、傷ついた相手を選手が気遣うことはしばしばある。激しい戦いの中で、サッカー選手が敵に情けをかけるほとんど唯一の場面が、こうしたアクシデントのときだ。

相手の選手が倒れていたら、たとえ自分たちがチャンスを迎えていても、ボールを蹴り出してゲームを切る。相手は、次のリスタートでボールを返す。観客が拍手をする。お約束の展開である。アーセナル時代のヌワンコ・カヌは、味方が相手に返したボールを途中でカットしてゴールを決めてしまったことがあるそうだが、そういうことをしてはいけない。当時のベンゲル監督が相手に再試合を申し出たのも当然だ。

ただし、これはルールで決まっているわけではないし、審判がプレイを止めさせる権限を持っているのだから、必ずしも選手が自発的にボールを出さなければいけないわけではないだろう。中には、芝居で痛がっているとしか思えない選手もいる。そうでなくても、絶好のチャンスでボールを出すのはあまりにも惜しい。

そんなとき、ボールを持った選手の耳には、「愛があるなら出しなさい」という天使の囁《ささや》きと、「関係ねーよ。続けろ続けろ」という悪魔の囁きが交互に聞こえているはずだ。悪魔が勝つことも、決して珍しくはない。

私の知る範囲で、天使と悪魔がもっとも激しく火花を散らしたと思われるのが、二〇〇〇―二〇〇一シーズンのエバートン×ウエスト・ハム（イングランド・プレミアリーグ）における、ディ・カーニオ（ウエスト・ハム）のケースである。

試合は、75分にエバートンが先制し、83分にウエスト・ハムが同点に追いつくというスリリングな展開だった。そして1―1で迎えたロスタイム。ウエスト・ハムが最後のビッグチャンスを作る。右サイドから、ゴール前で待つディ・カーニオに向けて、どんぴしゃりのクロスが入ったのだ。誰もが、「ヘディングで劇的な勝ち越しゴール」というシーンを思い浮かべた。

ところが次の瞬間、ディ・カーニオは頭ではなく、両手でボールをキャッチしたのである。何を血迷ったのかと思ったが、べつに彼は急にアメリカン・フットボールのタッチダウンをやってみたくなったわけではない。膝を痛めたエバートンのGKポール・ジェラードが、ペナルティエリアのほぼ中央で倒れているのを見て、プレイを止めたのだ。

結局、試合はそのまま引き分けに終わっている。

なんて立派な人なんだろう、と私は思った。ロスタイムに得た最後のチャンス、「決めれば勝ち」という場面でこれができる人間は、そういない。この行為が評価されて、ディ・カーニオがFIFAの年間フェアプレイ賞を受賞したのも当然だろう。

しかし実際には、最後の最後まで天使と悪魔がディ・カーニオの耳元で「取れ！」

「撃て！」「取れ！」「撃て！」「取れ！」「撃て！」と囁き合っていたのではないかと思う。ボールが目の前に来たとき、たまたま囁く順番が天使に回ってきたのかもしれない。ちなみにこのプレイ、主審の判定は「ハンド」だった。ルールはルールとはいえ、無粋である。反則にフェアプレイ賞が与えられたのも妙な話だが。

翼の指示が時空を超えてジョホールバルへ？

ともあれ、倒れた選手に情けをかけるのは、人として正しい行為である。東邦×武蔵（全国中学生サッカー大会東京予選）の終盤、心臓病で倒れた三杉に情けをかけた日向がボールを奪われたとき、彼の恩師・吉良耕三は「昔のおまえらなら、三杉の心臓をけやぶってでもゴールを目指したはずだ！」と叱責《しっせき》しているが、さすがにそれはどうかと思う。吉良にしても、あの言葉はハングリー精神を忘れた教え子へのショック療法のようなもので、本気で「心臓をけやぶるべし」と思っていたわけではあるまい。

ただし、相手が負傷していたとしても、立ってプレイしているなら話は別だ。

痛みを堪《こら》えながらプレイしている姿を見れば、つい遠慮して手を抜いてしまいそうになるだろうが、それはかえって失礼だと私は思う。相手は自分が「戦える状態」だと判断してこちらに向かってきているのだ。ならば、こちらも全力で立ち向かうのがスポーツマンシップというものだろう。

たとえば一九八四年のロス五輪（柔道）では、エジプトのラシュワンが、怪我をした山下泰裕《やすひろ》の右足を攻めずに敗れた。平成十三年の大相撲夏場所優勝決定戦では、膝を負傷した貴乃花に遠慮した武蔵丸があっけなく負けている。その気持ちはわかるが、畳や土俵に上がった以上、山下も貴乃花も「体なんか、どうなってもいい」という覚悟で臨んでいたはずだ。相手の怪我のことは忘れて、自分も死力を尽くすべきである。

そして、常にその姿勢を貫いているのが、大空翼だ。小学生時代には、試合前に三杉の心臓病のことを告げ、「キャプテンに勝たせてあげて」と懇願する武蔵FCのマネージャー弥生に対して、「三杉くんも、おれが力いっぱいたたかってあげたほうが、きっと喜ぶと思うよ」と答えている。

中学生になってからも、東邦との死闘の中で、こんなシーンがあった。自らも肩と足首を痛めた過酷な状況の中で、相手のGK若島津が左腕を負傷していることを見抜き、「シュートは右スミをねらっていこう」と味方に指示したのだ。これは、単に「勝利への執念」が言わせた科白ではない。彼自身、「この試合で、おれは死んだってかまわない！」とドクターストップを振り切ってフィールドに戻ったぐらいだ。翼は、若島津も自分と同じ覚悟で戦っていることを、よく知っていたのである。

あの試合では、日向小次郎もこんな科白を吐いた。満身創痍《まんしんそうい》で突進してくる翼の姿に

若島津が左腕を負傷しているのを見抜いて、
自らも満身創痍の翼が味方にシュート方向を指示した場面。
この指示がジョホールバルの中田にも聞こえていた!?
『キャプテン翼』文庫版第13巻、243ページ

ひるんだ東邦イレブンを、「グラウンドにたっている以上、情けは無用だ!! つぶせ、翼をつぶせ!!」と怒鳴りつけたのだ。この精神をお互いが共有していたからこそ、あの一戦は最初から最後まで見る者の胸を打ち続けたのだろう。

ところで、この南葛×東邦の決勝戦から長い歳月を経た後、まるで翼の指示が時空を超えて届いたのではないかと思うようなシーンを、私たちは目撃した。ジョホールバルで行われた日本×イラン（フランスＷ杯アジア第三代表決定戦）である。

あの試合、延長に入ってから城《じょう》彰二《しょうじ》と接触したイランのＧＫは、若島津と同様、左腕を負傷していた。それを見越してゴール右隅にシュートを放ったのが、中田英寿である。それが、岡野雅行のゴールデンゴールにつながった。私には、翼の精神が中田に継承されていたとしか思えない。だとすれば、日本のＷ杯初出場は「翼のおかげ」と言っていいだろう。大空翼が、日本をフランスへ連れて行ってくれたのだ。

しかし残念ながら、一方でその精神に反するような試合がなかったわけではない。一九九九年の日本×ポルトガル（ワールドユース決勝トーナメント一回戦）である。日本が準優勝した記念すべき大会だったが、あの試合はいただけなかった。

私が気に入らなかったのは、高原直泰《たかはらなおひろ》と接触した相手ＧＫが負傷退場した後の、日本チームの豹変《ひょうへん》ぶりである。あのとき、すでに三人の交代枠を使い切っていたポルトガルは、ＤＦを急造ＧＫに仕立てた。日本にとっては大チャンスである。ところがユース

若島津の負傷した左腕を攻めようとした翼と同様、
日向も傷ついた翼に情けをかけようとはしなかった。
彼らの態度こそが正しいスポーツマンシップと言えるのではないだろうか？
『キャプテン翼』文庫版第14巻、176ページ

代表の面々は、そこから人が変わったように遠慮がちなプレイに終始してしまい、ゴールを奪えなかったのだ。

なんとかPK戦をモノにして勝ち上がったものの、あそこはシュートの雨を降らせて時間内に決着をつけなければいけなかった。もしも翼がピッチに立っていたら、「もっとシュートを撃て！」と仲間を叱ったことだろう。それは決して、素人GKに対するいじめなどではない。素人GKにPK戦をやらせるほうが、よほど気の毒である。

第十章　胸騒ぎのロスタイム

ドーハのトラウマを癒すために

「幼児体験」として受けたドーハのトラウマ

これまでに何度、テレビ観戦中にゴールシーンを見逃してきただろうか。ほんの1分、いやたった1秒の油断によって、90分の観戦が徒労に終わることは少なくない。

どうしても我慢できずトイレに立ったとき、ビールを取り出そうと冷蔵庫を開けたとき、台所にいる妻に呼ばれて振り向いたとき、「しゅわっち!」と飛びかかってきた息子に視界を遮《さえぎ》られたとき、煙草《たばこ》の灰を落とそうと視線を灰皿に落としたときなどにかぎって、なぜかゴールは決まるのである。

そういう事態をいかに防ぐかが、自宅観戦における最重要課題だ。とくに避けなければいけないのは、ザッピングである。週末の夜、セリエAやプレミアリーグが何試合も同時に生中継されるようになった昨今、ついあちこちの試合を見てしまい、貴重なゴールシーンを見逃している人は多い。私など、三試合を同時に見ていたために、その90分間に決まった計5ゴールのうち4ゴールを見逃したこともある。さすがにそのときは、「ゴールは流れ星と同じなんだから、ずっと一カ所を見てなきゃダメなのよ」と妻に叱られたものだ。

だが、どんなゴールも見ればいいというものではない。愛するチームが痛恨の失点を喫した場合は、「見なきゃよかった」と思うこともある。

どこで読んだ話か忘れてしまったが、一九九三年の「ドーハの悲劇」のときには、タイムアップと同時にシャンパンを開けて祝杯を上げようと支度をしていたために、ロスタイムの同点ゴールを見逃した人がいたという。この場合は、不運と言うべきなのか、幸運と言うべきなのか、微妙なところだ。歴史的瞬間に立ち会えなかったという意味では不運だが、あのショックを回避できたという意味では幸運だった。何年経《た》っても、シヨートコーナーから始まるあの一連のシーンは見た者の脳裏から離れようとしない。それは、まるで「トラウマ（心的外傷）」のようなものだ。

むろん、サッカーで似たような目に遭った国民は、世界中にたくさんいる。たとえばフランスは、ドーハの日本×イラク戦からおよそ三週間後、タイムアップ寸前にブルガリアにゴールを許して、アメリカW杯への道を閉ざされた。二〇〇一年のW杯欧州予選最終節でも、「勝てばグループ一位」だったイスラエルが、ロスタイムにヘルツォーク（オーストリア）の同点FKを浴びて、プレーオフ進出を逃している。

しかしフランスやイスラエルは、その時点ですでにW杯出場経験のあった国だ。いわば「大人」として、そのショックを受け止めた。一方、あの頃の日本は、ようやくプロのリーグをスタートさせ、初のW杯出場を果たすことで「大人」の仲間入りをしようとしていた時期である。いわば「幼児体験」として、あのショックを受けたわけだ。

大人よりも子供のほうがトラウマの影響は深刻だ。したがって私たちが受けたトラウマの深さは、フランスやイスラエルの比ではない。本格的なサッカーの近現代史が常にあの悲劇を起点に語られるという意味では、日本の近現代史における「ペリーの黒船」にも匹敵するトラウマである。

そのため私たちは、「ロスタイム」という言葉を耳にしただけで胸騒ぎがして仕方がない。これが「ロスタイムのCK」となると本当に動悸《どうき》が激しくなり、さらに「ロスタイムのショートコーナー」となると、もうダメだ。ロスタイムにショートコーナーなんか蹴られた日にゃ、悲劇が起こらないはずがないと思い込んでしまう。

そして実際、ロスタイムのCKは何かを起こすのである。

たとえば、一九九八年のオランダ×ユーゴスラビア（フランスW杯決勝トーナメント一回戦）がそうだった。1—1で迎えた後半ロスタイム。オランダのセードルフが右からコーナーキックを蹴った。ショートコーナーだ。それをオフェルマルスがシュート。ギリギリのところでユーゴのGKが弾き出したが、再度オランダのCKとなり、こんどは左からロナルド・デ・ブールがショートコーナーを蹴った。ショートコーナー二連発だ。当事者のオランダ人とユーゴスラビア人を除けば、世界中で日本人だけがヘンな汗をかいたのではなかろうか。そしてダービッツの決勝ゴールが決まり、私たちの予感は的中した。当時のユーゴスラビア人と知り合う機会があったら、ロスタイムのショートコーナーの恐ろしさを語り合うだけで仲良くなれるかもしれない。

サッカー史に残る名勝負となった一九九九年のマンチェスター・ユナイテッド×バイエルン・ミュンヘン（欧州チャンピオンズリーグ決勝）も、奇跡を呼んだのは「ロスタイムのＣＫ」である。ショートコーナーではなかったが、ロスタイムにベッカムが蹴った二本のＣＫがいずれもゴールにつながり、ユナイテッドが2―1の大逆転勝利を収めたのだ。あまりの衝撃で思考停止状態に陥っているバイエルン・サポーターの放心した表情を見て、深い同情を寄せた日本人は多いと思う。

ナトゥレーザの同点弾は日本が呼び込んだ？

ところで、精神医学の世界に「反復強迫」と呼ばれる不可解な現象があるのをご存じだろうか。いわゆるＰＴＳＤ（心的外傷後ストレス障害）によって起こる症状の一つである。たとえば戦場で悪夢のような体験をした帰還兵が、わざわざ戦争映画の残酷な場面を見たがることがあるという。これが反復強迫だ。心に傷を負った者が、その傷の原因になった忘れたいはずの状況を、自ら再現しようとしてしまうのである。

なにしろ目に見えない心の中で起きていることなので、その原因はよくわかっていない。そもそも反復強迫などという現象があること自体、にわかには信じがたいことだ。

しかし人間の心にそういう不思議な働きがあるのだとすれば、これは日本サッカー界にとっても由々しき問題である。ドーハで受けたトラウマによって、この反復強迫が引き起こされないともかぎらないからだ。

事実、「もしかしたら、これが……」と思うようなシーンが翼たちの試合にあった。ドーハの数年後に行われた、日本×ブラジル（ワールドユース決勝）の後半ロスタイムである。

その直前、日本は翼と岬のツイン・シュートによって試合を2―1とひっくり返していた。すでに時計は後半44分。ここでブラジルの監督ロベルト本郷は、アマゾンの奥地で発掘した切り札ナトゥレーザを投入する。イヤな胸騒ぎを覚えて冷や汗をかく、翼と岬。この胸騒ぎの正体は、いったい何だったのか。彼らの脳裏を、ドーハでフル代表が味わった悲劇の記憶が過《よぎ》ることはなかっただろうか。

ロスタイムを約2分と読んだナトゥレーザは、「1分ワンゴールで楽々逆転できる」と不敵な笑みを浮かべた。そして、わざわざ時計が後半45分を指すのを待ってから、翼を抜き去ってボールを高く蹴り上げ、はるか上空から強烈な回転をかけたシュートを決めてみせたのである。

言うまでもなく、これはナトゥレーザの卓越した個人技がもたらしたゴールだ。このアマゾンのサッカー王と初めて対戦した選手たちに、あれを防ぐ手だてがあったとは思えない。

だが、彼の蹴ったボールが空中に高く舞い上がったとき、なす術《すべ》もなくそれを見上げる日本選手たちの表情からは、いつもの粘りや勝利への執着心が消えていた。むしろ私はそこに、かすかな「諦《あきら》め」を見る。翼も若林も、そしてスタンドで応援していた観客たちも、この悲しい事態を心のどこかで予感し、「起きるべきことが起きた」と受け止めていたように感じられて仕方がないのだ。

同点ゴールの瞬間、実況アナが「ドーハの悲劇ふたたびーっ！」と叫んだことも、あのときスタジアム全体、いや、日本全体が抱えていた精神状態を物語っている。全員があの出来事を思い出し、「やっぱり」と感じたのだ。

これが精神医学で言うところの反復強迫だったのかどうか、精神科医でない私にはわからない。いくら何でも、選手たちが「ロスタイムの同点弾」を再現するために手を抜いたなどということはないだろう。

しかし、それでもなお、あの同点ゴールには日本が自ら呼び込んでしまった面があるように感じられる。残り1分を切ったところで、観客がカウントダウン・コールを始めてしまったのも、まずかった。ロスタイム（＝恐怖）の接近を刻々と告げるあのカウントダウンが、選手たちに余計なプレッシャーを与えたと見るのは穿《うが》ちすぎだろうか。

いずれにせよ、もしドーハの一件がなかったら、あの局面は違った展開を見せたよう

「ドーハ」の数年後に行われた対ブラジル戦（ワールドユース決勝）、
日本はまたしてもロスタイムに痛恨の同点弾を浴びた。
実況アナの絶叫に日本人の精神状態が表れている。
『キャプテン翼　ワールドユース編』第18巻、92ページ

ド…
ドーハの悲劇《ひげき》
ふたたび
——っ!!!
ざわ
ざわ
あ……
若林《わかばやし》さんが
そして その前《まえ》に
翼《つばさ》さんが…
たった一人《ひとり》の
男《おとこ》に…
翼《つばさ》くん…
ま…
間違《まちが》いない
あ…あの
ビデオの
プレイ…

な気がしてならない。結果的にナトゥレーザのゴールは防げなかったかもしれないが、彼らはそれを阻むために何らかのアクションを起こしたことだろう。本来、敵のシュートをあんなふうに呆然《ぼうぜん》と見送るような彼らではないはずなのだ。

傷を癒してくれた名波のゴール

だが、そこでオフト・ジャパンのように芝生にへたり込んだり、バイエルンのように続けて逆転ゴールを許したりしないのが、ツバサ・ジャパンのえらいところである。

少年時代から苦しい戦いを続けてきた彼らは、タイムアップの笛が鳴るまで諦めてはいけないことを、よく知っていた。事実この大会でも、彼らは一次リーグのメキシコ戦とウルグアイ戦を、いずれもロスタイムの逆転劇でモノにしている。その経験があったからこそ、すぐに気持ちを切り替えた日向が、「負けたわけじゃねェ。まだ同点だ。いこうぜ翼！」と力強い科白を吐くこともできたのだ。結果、彼らはナトゥレーザの二本目のシュートを食い止めて延長戦に持ち込み、最後には勝利を手にすることができた。

この勝利は、私たち日本人が抱えるトラウマを払拭するうえで、大きな意味を持っている。あのような悲劇を二度と繰り返さないために、私たちはドーハの経験を一方では教訓として記憶に留《とど》めつつ、その一方で、あそこで受けた傷を早く癒《いや》さなければいけない。代表選手たちはもちろん、私たちファンも、もう一度あのブラジル戦を見直し、苦しい局面を迎えたときの心の支えにすべきだと思う。

さらにもう一つ、私が心の支えにしている試合を紹介しておこう。一九九九年十月のベネチア×ペスカラ（コッパ・イタリア二回戦）である。そう言われても、何のことだか思い出せない人のほうが多いかもしれない。実はこれ、フランスW杯終了後にイタリアへ渡った名波浩《ななみひろし》が、公式戦初ゴールを決めた試合である。

スコアレスドローの第一戦を受けた、ホーム・アンド・アウエーの第二戦。この試合も、両チーム無得点のまま後半ロスタイムを迎えていた。

すでに時計は49分。延長突入は必至かと思われたこの場面で、ベネチアが絶好の位置でフリーキックを得る。ペナルティエリアやや手前、右四十五度。「オレが蹴る」という意気込みを漲《みなぎ》らせ、真っ先にボールを拾ってプレイスしたのは、名波だった。体を右に傾け、首を大きく縦に振る独特のフォームで、左足が鋭く振り抜かれる。敵の壁をすり抜けたボールは微《かす》かにクロスバーをかすめて、ゴール右上に突き刺さったのであった。

チームメイトにもみくちゃにされる名波。直後にタイムアップを告げる笛が鳴る。私は涙が出るほど感激した。名波が強烈に存在感をアピールしたことに加えて、日本人プレイヤーが「ロスタイムの歓喜」を味わわせてくれたことが嬉しかったのだ。

ちなみにあの晩は、中田英寿が出場したペルージャ戦も同時に生中継されていた。私が二つの試合をザッピング観戦していたことは言うまでもない。あの瞬間、ベネチア戦のほうにチャンネルを合わせていて、本当によかったと思う。

第十一章　ゴールキーパーの野心

君は若林派か？　若島津派か？

ゴールキーパーの葛藤

世の中には、二種類のゴールキーパーがいる。

失点を防ぐことに命を賭けるGKと、自己表現に生きがいを見出すGKだ。

むろん、これがいささか乱暴な分類であることは私も承知している。そもそも失点を防ぎたくないGKなどいないし、GKを含めたすべてのアスリートはプレイを通じて自己を表現する。つまり、すべてのGKがこの両面を持っているのだ。

しかしGKにとって、「失点を防ぐ」「自己表現する」という二つのテーマが、両立しにくい性質であることもたしかである。GKがプレイによって「自己表現しやすい状況」は、同時に「失点しやすい状況」でもあるからだ。

GKがもっともわかりやすい形で光り輝くのは、雨アラレと降りそそぐ敵のシュートをバシバシとセーブしているときにほかならない。つまりチームが劣勢のときほど、GKには自己表現のチャンスが与えられるのだ。アトランタ五輪のブラジル戦における川口能活《よしかつ》がよい例である。逆に、味方のフィールド・プレイヤーが圧倒的にボールを支配し、常に敵陣で攻撃を仕掛けているとき、GKは闇夜の黒猫ほども目立たない。だが、サッカーではそれがもっとも「失点しにくい状況」だ。

おそらくＧＫは、常にそういう葛藤《かっとう》を抱えながらプレイしているにちがいない。そして、この葛藤を経た結果、先に挙げた二つのタイプに分かれる。別の言い方をすれば、前者は無失点という結果によって間接的に自分をアピールすればいいと考えるＧＫ、後者は好セーブというわかりやすい形で自分をアピールしないと気がすまないＧＫだ。もっと端的な表現をするなら、世のＧＫは「ケレン味のないＧＫ」と「目立ちたがり屋さん」の二種類に分かれるのである。すでにお察しのとおり、ここで私がそれぞれの典型として念頭に置いているのは、若林源三と若島津健の二人だ。

派手なゴールキーピングこそ見せないものの、鉄壁の守りで「Ｓ・Ｇ・Ｇ・Ｋ」《スーパーグレイトゴールキーパー》の称号を得た若林が前者に該当することは、衆目の一致するところであろう。大向こうを唸らせるようなスタンドプレイは、彼に似合わない。唯一、南葛中のラグビー部員、ハンドボール部員、野球部員にペナルティエリア外からゴールを狙わせ、それをことごとく止めてみせた小学生時代のエピソードだけはケレンを感じさせるが、それ以降は堅実かつ合理的なプレイに終始している。

その合理性が如実に表れたのが、日本×スウェーデン（ワールドユース準々決勝）でレヴィンのシュートを防いだ場面だろう。彼はレヴィンシュートを事前に研究し、対策を練っていた。ボールにピストルの弾丸のようなきりもみ状の回転を生じさせ、衝撃度を大幅にアップさせるのが、レヴィンシュートの特徴だ。そこで若林は、「真正面から

対スウェーデン戦（ワールドユース準々決勝）で若林がレヴィンのシュートを防いだ場面。
派手なプレイではないが、この理詰めの発想と周到な準備こそ若林の真骨頂である。
『キャプテン翼　ワールドユース編』第16巻、44ページ

これが
レヴィンシュート対策《たいさく》
アッパー
ディフェンスだ
なにィ
止《と》めたァ
若林《わかばやし》くん
この強烈《きょうれつ》シュートを
真下《ました》からつきあげる
神《かみ》がかり的《てき》なパンチングで
ふせいだァ

取りにいっては、その衝撃をまともに受けてしまう」と考え、「ボールのサイドから……つまりヨコや上、そして下からふせげばいいんだ」という結論に達した。理詰めである。さらに彼は、両腕のリハビリのために始めたボクシング特訓でも、レヴィンシュートを防ぐためのヒントを得ていた。そういう周到な準備の結果として編み出されたのが、一本目のレヴィンシュートを止めたアッパーディフェンスと、二本目を弾き飛ばしたストレートディフェンスだったのだ。

若林が一本目のレヴィンシュートを防いだとき、たぶん観客は、「危ういところでコーナーに逃げた」としか感じなかったことだろう。若林が事前に何を考え、どんな準備をしていたか、観客にわかるはずはない。したがって、中には「相手にコーナーを与えるなんて若林らしくない」とガッカリした者もいたはずである。若林自身、本当はボールを上に弾いて自らキャッチするつもりだったから、決してこのプレイは完璧なものではなかった。

しかし、これはレヴィンに大きなショックを与えたし、若林も失点を防いだことに一定の満足感を得ている。観客は物足りなさを感じていても、本人にとっては十分に「自分らしいプレイ」だったのだ。

そんな若林に対して、若島津のゴールキーピングはとにかく派手で、ケレン味たっぷりである。手刀ディフェンスや三角蹴りなど、誰もが「すげえ」と唸らされるプレイばかりだ。周囲に自分をアピールする気持ちも、若林よりはるかに強い。ファインセーブを見せた後、「止めたぞぉ！」と叫ぶことが多いのもその表れだろう。

ワールドユースの対ウルグアイ戦では、屈辱的な5失点を食らった後、リョーマ・ヒノのジャンピングトルネードをサーカスのような技で防ぎ、「守ったぞォ！」と絶叫している。失点のすべてが若島津の責任ではないし、たしかに胸を張っていいスーパープレイだったとはいえ、4―1から4―5と逆転された後の話だ。6点目を防いで「守ったぞォ！」と言えるGKはそういない。大量失点を食らっても、一つのファインセーブに大きな生きがいを見出す男。若島津は、そういうGKなのである。

ハイリスク・ハイリターン型ゴールキーパーの魅力

だが私は、それが悪いと言っているわけではない。ウルグアイ戦は、そういう彼の前向きな姿勢が日本の再逆転を呼び込んだと言えるだろう。それに、若林のようなライバルがいるのでは、彼がこういうタイプのGKになるのも無理はない。S・G・G・Kを超える「U・S・G・G・K《ウルトラスーパーグレイトゴールキーパー》」になるには、若林と同じことをしてもダメだ。ライバルが持っていないものを身につけて、存在感をアピールしなければいけない。相手がケレン味のないプレイをするのなら、自分はケレンを厭《いと》わないプレイをするまでである。

事実、若林の控えに甘んじることが我慢できず、代表チームをしばし離れているあいだに、彼は「若林と同じタイプのGKには決してならない」と決意している。堅実な若林との差別化を図るために、積極的にペナルティエリアを飛び出し、ときにはシュートさえ放つような攻撃的GKを目指すようになったのだ。そしてウルグアイ戦では、6点目を防ぐとただちに攻撃参加し、日向の同点ゴールをアシストした。この一連のプレイこそ、若島津がその真骨頂を見せた場面だ。

こういう彼のスタイルを「目立ちたがり屋」と評すると、若島津ファンの反発を買うかもしれない。しかし私は、この言葉をあくまでも良い意味で使っているつもりだ。サッカーが娯楽である以上、「目立つ」ことはとても大事だと思うからである。

ケレン（外連）も同じ。芝居の世界では、宙乗りや早替わりなど俗受けを狙った演出をそう呼び、一般的には「はったり」や「ごまかし」を意味する言葉だが、これもやはり娯楽には欠かせない要素だろう。ケレンを排していたら、サッカーはこれほど多くの大衆に愛される娯楽にはならなかったはずだ。

実績を見ればGKとしての実力は若林のほうが上だと言わざるをえないが、若島津のケレンにも、ファンにとって捨てがたい魅力がある。彼だけではない。世界には、コロンビアのイギータ、メキシコのカンポス、フランスのバルテズ、そしてパラグアイのチラベルト親分など、やたらと前に出てきて目立つGKが何人もいた。危なっかしくて見

5失点の後、リョーマ・ヒノ（ウルグアイ）の強烈なシュートを
サーカスまがいの技でセーブした若島津の雄叫び。
彼の派手なパフォーマンスはファンの心をつかんで離さない。
『キャプテン翼　ワールドユース編』第15巻、46ページ

ていられないこともあるが、その危なっかしさが私たちファンをワクワクさせるのだ。いわば「ハイリスク・ハイリターン」の魅力である。

たとえば一九九〇年のコロンビア×カメルーン（イタリアW杯決勝トーナメント一回戦）では、センターサークル手前まで出てきたイギータがロジェ・ミラにボールを奪われ、致命的なゴールを許してしまう場面があった。しかしあの失点は、あんな場所でイギータにボールをパスしたDFの責任だと思う。たしかにリスキーなプレイではあったが、イギータのフィードを受けたDFがボールを返さずに前線へ放り込んでいれば、逆にコロンビアのほうが決定的なチャンスを作っていたかもしれない。

イギータと言えば、一九九五年にイングランドとの親善試合で見せたプレイも有名である。その名も「スコーピオン・キック」。これは圧巻だ。たぶん、両腕を伸ばせば簡単にキャッチできるシュートだっただろう。しかしイギータは、ちょうどスカイダイバーが落下していくときのように両腕を広げてダイブし、両足の踵《かかと》でそのボールを背中越しに弾き返したのである。その姿はまさにスコーピオン（サソリ）そっくりだ。「イギータ（Higuita）」「スコーピオン（scorpion）」をキーワードにインターネットで検索すれば見つかるので、ぜひご覧いただきたい。まったく必然性のない、いわば「ハイリスク・ノーリターン」のプレイである。しかし、あのプレイが相手に「げ。マジかよ」という精神的なダメージを与えたとすれば、リターンがゼロだったわけではない。そして何よりも、スタンドの観客に「いいモノ見ちゃった」という多大なリターンを提供したはずである。

われらが日本代表のゴールマウスに君臨した川口能活もまた、そんな「目立ちたがり屋さん」の一人だ。危険なシュートをファインセーブでしのいだとき、彼ほど嬉しそうな表情を見せるGKを、私はほかに知らない。大半のGKは、たとえ内心では「目立ったぜ」と思っていても、シュートコースを空けたDFを「何やってんだ！」と怒鳴りつけたりするものだ。しかし川口は喜びを隠そうとしない。

世のGKの中には、「味方へのコーチングで相手にシュートを撃たせない」ことに主眼を置くプレイヤーもいるが、川口にそんな発想は無用である。本人は否定するかもしれないが、少なくとも私には、彼がGKの仕事を「撃たせてナンボ」のものだと考えているように見えるのだ。

とくにそれを感じたのは、二〇〇一年のスペイン戦だった。序盤から冴《さ》えないプレイを続けていたスペインのラウールが、ようやく強いシュートで日本ゴールを脅《おびや》かしたとき、それをがっちりキャッチした川口の表情は、「そうそう、こうでなくっちゃ。オレはこれを待ってたんだぜえ」と言っているように見えたのである。

ただし、目立ちたがり屋さんのGKは、ときに非常識な行動を取ることもあるから、気をつけなければいけない。たとえば、果敢に前で勝負することで有名なフランスのバルテズ。彼は1―0でリードしている前半の早い時間帯でも、ゴールマウスという職場を放棄してタッチラインを割ったボールを拾いに行き、自らスローインすることがある。ゆっくり時間をかければいい場面なのに、まるで1点差で負けている後半ロスタイムのような急ぎ方をするのだ。

また、FKやPKが上手なことで有名なパラグアイのチラベルト。彼は1点差でリードしている後半40分に、やはり職場放棄して敵ゴール前のFKを蹴りに行ったことがあった。そこは味方に任せて守りを固めるべきじゃないのか親分さん。もっとも、これを決めて2点差にしてしまったあたりが彼の凄いところだが、失敗して逆襲を食らったときのことも、ちょっとは考えたほうがいいと思う。

第十二章　センターバックの咆吼

次藤に流れる格闘家の血

両者リングアウトだった翼と次藤の「殴り合い」

サッカーの試合は、しばしばボクシングに譬《たと》えられる。序盤の探り合いは「ジャブの応酬」、守備的な戦い方は「ガードを固めてカウンター狙い」などと形容されることがあるし、激しい点の取り合いは「ノーガードの殴り合い」だ。

実際、サッカー観戦者が味わう興奮は、ボクシングを見ているときのそれに似ている。選手たちが手を使わずに殴り合っているように感じられることは、少なくない。自陣に釘《くぎ》づけにされ、シュートの「連打」を浴びてフラフラになっているチームは、コーナーに追い込まれてダウン寸前のボクサーのようなものだ。どちらも引き分け狙いで消極的になっているダルな試合は、クリンチの多いボクシングと同じように退屈である。

翼たちの試合を見ているときも、一瞬、自分が『あしたのジョー』を読んでいるのではないかという錯覚にとらわれることが多い。ゴールポストを直撃したボールが破裂するほどのパンチ力を秘めた、ドライブシュートやタイガーショットを撃ち合う翼と日向のバトルに、ふと矢吹丈と力石徹の死闘を連想したりするのは、私だけではないだろう。

格闘技の要素を持つ球技というと、ふつうは、相手に手でつかみかかることが許されるラグビーやアメリカン・フットボールを思い浮かべるものだ。しかし手を使えないサッカーも、選手に「格闘家」としての資質が求められるという点では、それらの球技と変わらない。肉体的にも精神的にも、ボクサーやレスラーに匹敵する強さを持っているプレイヤーこそが、最高のフットボーラーたりうるのではないだろうか。

そして、サッカーの中でもとりわけ格闘家的な資質が要求されるポジションは、CBである。猛然と襲いかかる敵のアタッカー陣をゴール前で待ち受け、ときには顔面に肘《ひじ》打《う》ちを食らいながらヘディングで競り合い、ときには強烈なシュートを身を挺《てい》して阻むCBの仕事は、強靭な心身を持つタフガイでなければつとまらない。

小学生時代に一年だけCBをやっていた私が、ついにフットボーラーとして大成することがなかったのも、たぶんガッツがなかったせいだろう。シュートをブロックするのが怖かった私は、ピンチになると、GKのカバーをするようなフリをしてその背後に逃げ隠れするほどの弱虫であった。

自分がそうだったので、格闘家を思わせるタフなCBを見ると、尊敬の念を抱かずにはいられない。その代表が、三連覇を目指す南葛中の前に比良戸中のキャプテンとして立ちはだかった、次藤洋であるタイ。と、つい喋《しゃべ》り方を真似してしまうぐらい、私は次藤を尊敬しているのだ。

なにしろ彼は小学生時代に、数人の中学生を一人でやっつけてしまったほどケンカが強い。ケンカと格闘技は違うが、彼は単なる暴れん坊ではなかった。「おれは弱いヤツとはケンカしないタイ」というポリシーを貫き、相手が強ければ強いほど燃える男。それが次藤洋である。まさに格闘家のスピリットを身につけた猛者《もさ》と言えるだろう。

この比良戸×南葛の準々決勝は、後に多くのディフェンダーを震え上がらせることになる大空翼の必殺技、ドライブシュートが完成した試合としても知られている。その破壊的なシュートを最初に身を挺して防いだのが、次藤であった。翼の二発で南葛が3－2と1点差に詰め寄ってから数分後。三発目のドライブシュートは次藤の顔面を切り裂いてコースを変え、タッチラインを割ったのである。

額から鮮血を迸《ほとばし》らせながら、「ワシはこういうのをまちのぞんでいたんだ」と満足そうな笑みを浮かべる次藤。その後も彼は、翼のシュートを二度にわたって腹でまともに受けている。そんな次藤が体から漲らせていたのは、真の格闘家だけが持つ、狂おしいばかりの闘魂にほかならない。最後はシュートの威力に負けて体ごとゴールに押し込まれてしまったが、体に負担のかかるドライブシュートを立て続けに放った翼のほうも、力尽きてグラウンドに倒れている。南葛に1点が入ったものの、この勝負、「殴り合い」としては両者リングアウトの引き分けであった。

翼のドライブシュートを顔面で阻止した比良戸中の次藤。
この表情、この科白には、格闘家ならではの闘魂が漲っている。
痛がって倒れるようではCBはつとまらない。
『キャプテン翼』文庫版第11巻、42ページ

血湧き肉躍るセンターバックのオーバーラップ

こうした格闘家系CBで、次藤に匹敵する存在として挙げておかなければならないのは、やはりオランダのスタムだろう。引退後のK―1参戦を期待する声が（ごく一部から）聞かれたほどの、屈強なCBである。彼が最終ラインで睨みを利かせていなかったら、一九九八―一九九九シーズンにマンチェスター・ユナイテッドがプレミア、FA杯、チャンピオンズリーグの三冠に輝くことはなかったはずだ。

彼の肉体と精神がどれほどの強靭さを備えているかについては、二〇〇〇年のオランダ×チェコ（欧州選手権一次リーグ）で見られた一場面を思い起こすだけで十分だと思う。その試合の後半、体格ではスタムを凌《しの》ぐ巨漢FWコラーとのヘディングの競り合いの際、頭突きを食らってまぶたを切った彼が、いったんベンチに戻って手当を受けていたシーンだ。

傷は意外に深く、チームドクターは針と糸とハサミを持ち出して負傷個所《かしょ》を縫い始めた。むろん試合中のことだから、麻酔などしていない。私など、ぐいぐいと糸を引っ張り、がしがしと傷口を縫うドクターの乱暴な手つきを見て、卒倒《そっとう》しそうになったほどだ。しかしスタムは歯を食いしばって痛みに耐えるどころか、顔色ひとつ変えず、しかも両目をカッと見開いたまま、平然とドクターに縫わせていた。あまりに平気な顔をしているので、怪我をした人間を治療しているのではなく、故障したロボットか何かを修理しているように感じられたものだ。ドクターが手にしているのが針と糸とハサミではなく、ハンダゴテやバーナーだったとしても、私は驚かなかったにちがいない。

あのときスタムは、痛みを我慢していたのではないと思う。たぶん、本当に痛くなかったのだ。「心頭を滅却《めっきゃく》すれば火もまた涼し」という言葉もあるように、目前の戦いに集中した真の格闘家は痛みなど感じないのである。あの様子を見ただけで、チェコの選手たちは「スタムおそるべし」と感じ、気持ちのうえで追い込まれたのではないだろうか。

その後、傷を縫い終わったスタムはピッチに戻ろうとしたものの、監督のライカールトが大事を取って交代させた。しかし私には、彼の人間離れした強靭さが、劣勢のオランダに後半44分の決勝ＰＫをもたらしたように見えたものである。

また、その欧州選手権の準決勝でスタムのいるオランダを下したイタリアも、伝統的に守備の強い国だけあって、ＣＢの人材は豊富だ。とくに、世界最高のＣＢとの呼び声も高いネスタは、次藤やスタムとはタイプが異なるものの、そのプレイはやはり優れた格闘家を思わせる。私は、どこからともなく矢のように飛んできて相手ボールを奪う彼の美しいスライディングタックルを見るたびに、華麗な空中殺法でファンを魅了した往

痛みを恐れない格闘家、次藤ならではの鬼気迫るアイデアである。
ただし日向は、次藤の背中を使ったジャンプでマークをかわし、
着地してからシュート。二人の「男気」が生んだ同点弾だった。
『キャプテン翼　ワールドユース編』第15巻、52ページ

かまわんタイ
そのかわり
躊躇《ちゅうちょ》なく
振《ふ》りぬくタイ
オウンゴールの
借《か》りば返《かえ》さな
ワシの男《おとこ》が立《た》たん
おまえも
"男気《おとこぎ》"のわかる男《おとこ》なら
ワシの背中《せなか》 人《ひと》の体《からだ》と思《おも》わず
本物《ほんもの》の地面《じめん》と思《おも》って
蹴《け》り込《こ》むタイ
そのくらいの
意気込《いきご》みがなきゃ
同点《どうてん》ゴールは奪《うば》えんタイ
次藤《じとう》…
おまえって
やつは…
さぁ
時間《じかん》がない
ゴール前《まえ》に
急《いそ》ぐタイ
ぐい
!!

年の名プロレスラー、ミル・マスカラスを想起するのである。

そのネスタが所属していたラツィオに、ユナイテッドを退団したスタムが移籍したとき、私は「これでCB業界の最強タッグが完成する」と狂喜したものだ。ここでコッソリ告白しておくが、私はかなり熱心なラツィオファンなのである。あの二人がタッグを組めば、相手がどんな強力ツートップを送り込んできても、簡単にフォール勝ちしてくれるだろうと思った。この「スタスタコンビ」が真価を発揮する前に、スタムがドーピング疑惑で長くピッチを離れたことが、残念でならない。

それはともかく、イタリア守備陣の二枚看板として常にネスタと並び称せられたカンナバーロのほうは、凛々《りり》しい剣士のごとき佇《たたず》まいだった。いつも緊張感を漂わせながらピンと伸ばされた背筋に、鍛え抜かれた厚い胸板。実に剣道着がよく似合いそうである。私は密かに彼のことを、「イタリアの赤胴鈴之助」と呼んでいたぐらいだ。

そんなネスタとカンナバーロが体を張ってオランダの猛攻をしのいだあの準決勝は、まさにサッカーの格闘技性が露《あらわ》になった試合だった。容赦なく繰り出されるオランダのパンチを、ことごとくシュートコースに飛び込んで弾き返す二人のCB。イタリアの守備的な戦い方には「つまらない」と文句を言うファンも多いが、強い者を相手にしたときに見せる彼らの守備は、少しもつまらなくない。むしろ感動的だ。翼という強敵に出会って燃えた次藤もそうだったように、格闘家のハートを持ったCBたちは、強者に立ち向かうとき、「つまらない」と言われがちな守備を極上のエンターテインメントに仕立て上げてくれるのである。

もちろん、彼らはただ守っているだけではない。ここぞという場面では、果敢にオーバーラップして攻撃に参加する。ふだん守備に命を賭けているCBたちが、「ガードを下げてパンチを打つ」と覚悟を決め、ド迫力のドリブルで攻め上がっていく姿ほど、見ていて血湧き肉躍るものはない。もしもボールを奪われて逆襲を食らえば、絶体絶命のピンチが待っている。そのリスクを承知のうえで攻め上がるCBのように、全身からヒロイックな悲壮感を発散している者がほかにあるだろうか。

日本代表の試合では、あまりそういうシーンが見られないのが残念だ。そもそも格闘家系のCBがまだまだ少ない。体格面のハンディを考えればやむをえないが、せめて精神面だけは、次藤の闘魂を継承してほしいと思うタイ。

第十三章　ミッドフィールダーは「忍者」だ

葵が埋める組織の穴

運動量の少ない選手にミッドフィールダーはつとまらない

サッカー界の言葉遣いには、独特のクセのようなものがある。もっと簡単な言い方ができるのに、ちょっと高級な感じの小難しい表現を好む傾向があるのだ。そんなところに近寄りがたさを感じている人も多いのではないだろうか。

たとえば、「守備の組織」という言い方。ボールを奪ったチームがすぐ速攻に転じられなかったときなどに、しばしばテレビ解説者は「守備の組織ができあがる前に攻めたかったですねぇ」などと言う。要するに「相手が守る態勢を整える前に攻めたい」ということだが、「組織」と言われたとたん、企業や役所が作るピラミッド型の組織のようなものを思い浮かべ、妙に考え込んでしまう人は少なくないはずだ。

また、「精度の高いキック」という言い方も、無駄に高尚な感じ。「正確なキック」とか「よくコントロールされたキック」でいいんじゃないかと思うのだが、大半の解説者が「精度」という言葉を使う。聞き慣れれば何ということもないし、使うほうもそれが習慣になっているのだろうが、これを聞いて「サッカーってムズカシそう」と感じる人もいるにちがいない。「身体能力」も、トータルな意味ではそう言うしかないが、単に「凄いジャンプ力」とか「驚異的なバネ」などと言えばすむ場面が多々ある。

まあ、私も本書でそういう言葉を使用しているので、あまり人のことは言えない。それに、次章で取り上げる「決定力」のように、そうとしか呼べないものもある。どんな世界にも業界用語はあるわけで、慣れてしまえばそのほうがコミュニケーションの精度が高まるとも言えるだろう。要は、難しそうに聞こえる言葉も、実はそんなに難しい話をしているわけではないということだ。

さて、ここからが本題なのだが、「運動量」という言葉も、さほど難しいわけではないものの、やや引っかかる表現の一つである。サッカーの場合、「運動量の多い選手」は、おおむね「たくさん走る選手」と言い換えていいだろう。運動量が多いからといって、その選手がピッチの上で腕立て伏せや反復横跳びや腹筋運動をしているわけではない。また、ボールを蹴る、ジャンプしてヘディングをする、といった行為も「運動」だが、キックやジャンプの回数が多い選手を「運動量が多い」とは言わない。広いフィールドを縦横無尽に走り回り、あちこちに顔を出すのが、「運動量の多い選手」だ。

当たり前だが、走ることを求められないフィールド・プレイヤーはいない。サッカーは、そもそもが運動量の多いスポーツなのである。だから、その中でもとりわけ「運動量が多い」と言われる選手は、とてもえらい。

人よりたくさん走る選手は、それだけでチーム力を高めてくれるものだ。第三章で、退場者が出て十人になっても、各自が仕事量を十パーセントずつ増やせば、十一人分のサッカーができるという話をした。その増やすべき仕事の内容は何かといえば、結局は「走る」ことにほかならない。数的有利（これもちょっとムズカシイ言葉だが）を作るのがサッカーの基本だとすれば、運動量の多い選手は、一人分以上の仕事をすることによって、チームに多大なメリットをもたらしていることになる。いわば、「分身の術」を使う忍者のようなものだ。

フィールド・プレイヤーの中でも、とくにたくさん走ることが要求されるのは、言うまでもなくミッドフィールダー（ＭＦ）である。選手を並べたフォーメーション図を見ると、ＭＦはＦＷとＤＦの中間地域を担当すればいいように思えるが、実際の試合では、選手たちがあんなふうに隊列を組んで動くわけではない。全員が渾然一体《こんぜんいったい》となって走り回るのだ。とりわけ中盤の選手たちは、攻撃時はＦＷよりも前に出ることがあるし、守備に回ったときはＤＦのカバーをすることもある。走れない者にＭＦはつとまらない。華麗なパスを出して味方を走らせる「司令塔」的なＭＦばかりがチヤホヤされがちだが、それだけで仕事をした気になっていてはイカンのである。

実際、大空翼や岬太郎をはじめとして、彼らの世代にはすばらしいパス・センスを持った優秀なＭＦが多いが、走れない選手は一人もいない。みんな、とにかくよく走る。みんながよく走るからこそ、そのパス・センスも生かされるわけだ。

忍術の使い手が組織の穴を埋める

その中でも運動量という点で群を抜いているのは、翼たちより一つ下の世代から彗星《すいせい》のごとく現れた、「ノンストップ青信号」こと葵新伍である。その名のとおりの爆発的なスピードと運動量は、これぞMFと膝を叩きたくなるほどだ。彼の場合、何時間でもリフティングを続けられるボール扱いの巧《たく》みさが賞賛されることも多い。だが、そのテクニックもさることながら、あれだけ長くリフティングを続けられる体力のほうが、もっと凄いと思う。それが彼の豊富な運動量を支えているのである。

その持ち味を、彼はデビュー戦でいきなり見せつけた。イタリアで修業を積んでいた彼が初めて日本のファンの前に姿を現したのは、国立競技場で行われた日本×タイ（ワールドユースアジア一次予選）の前半ロスタイムのことである。スコアは1―4の劣勢。飛行機が遅れてようやく到着した葵を、監督の賀茂はすぐに佐野に代えて投入した。

ここで葵がやってのけたプレイが凄い。自陣の深い位置で相手ボールを奪った彼は、敵陣のセンターサークル付近で待つ翼にロングパスを送り、「パス＆ゴーはサッカーの基本だ」と自分に言い聞かせつつ、一気に相手ゴール前を目指してゴーしたのだ。瞬時にその意図を察した翼が、葵が走り込むスペースにボールを送る。五十メートルを全力

葵が、持ち前の豊富な運動量を見せつけた対タイ戦。
この試合、成田からの途中でタクシーを降りて国立競技場まで走り、
そのまま試合に出たという行動にも、彼の「運動量」が発揮されている。
『キャプテン翼　ワールドユース編』第6巻、142ページ

なんと さっきまで タイゴール前《まえ》に いた 葵《あおい》くんが この位置《いち》まで もどっているゥ
そんな

疾走した葵はこれに追いつき、ダイレクトのジャンピングボレーでゴールに叩き込んだのであった。翼を頂点とする底辺五十メートルの大三角形パスが完成したのである。史上空前のワンツーリターンと言っても過言ではないだろう。

こうして守備から攻撃へのすばやい切り替えを見せた彼は、後半になると、攻撃から守備への切り替えの速さも見せた。日本が4—4に追いついた後のことだ。

翼からのスルーパスを受けた葵が振り向きざまにシュートを放ったが、これはタイの巨漢DFブンナークにブロックされてしまう。そこからタイの速攻が始まった。オーバーラップしたブンナークのクロスボールに、チャナが飛び込む。空中でボールを両足に挟んだチャナとGK若林の一対一。シュートに反応した若林が、右手の指先でそれを弾く。しかしポストに当たって内側に跳ね返ったボールは、ゴール内に転がり込むかと思われた。

その瞬間、どこからともなく飛んできてこれをクリアしたのが、葵である。さっきタイのゴール前でシュートを撃った葵が、GKの背後まで戻って失点を食い止めたのだ。まさに二人分の働きである。

葵ほど走った距離は長くないが、一九九八年のブラジル×オランダ（フランスW杯準決勝）では、オランダのダービッツがこれに匹敵するプレイを見せた。1—0とブラジルがリードして迎えた後半28分。同点に追いつくべく前がかりになっていたオランダがボールを奪われ、ブラジルの速攻が始まった。高い最終ラインの背後にある広大なスペースに、リバウドがスルーパスを送る。これに反応して飛び出したのはロナウドだった。完全にオランダ守備網を破ったロナウドとGKファン・デル・サールの一対一。これをしくじるロナウドではない。誰もが、オランダの息の根を止める2点目を予想した。

だが、リバウドがパスを出した瞬間にロナウドを追いかけ始めた男がいた。ダービッツである。ロナウドがペナルティエリア手前でパスを受けたとき、彼はその二メートルほど後ろにいた。ドリブルを始めたロナウドのスピードがやや落ちる。ダービッツが全力で追う。ロナウドのシュートが先か、ダービッツが追いつくのが先か。

勝ったのはダービッツだった。ペナルティエリア内で追いついた彼は、ファウルにならないよう細心の注意を払いながら足を出し、ロナウドのシュートコースを変えたのである。ボールはゴールポストのわずか二十センチ横に逸れた。クライファートの同点ゴールが決まったのは、その14分後のことだ。結果的にオランダはPK戦で敗退したが、あのダービッツのプレイが、この試合を私たちの記憶に残る熱戦に仕立て上げたことは間違いない。

テレビ解説者が指摘するとおり、ゴールチャンスは守備の組織が乱れたときに訪れることが多い。そして、選手たちがフォーメーション図のように隊列を組んでプレイしているわけではない以上、守備の組織はしばしば乱れる。そこで生じるピンチからチームを救うのが、MFの運動量だ。「なんでアンタがここにいる?」と驚かれるような忍術の使い手が、組織の穴を埋めるのである。

そういう選手が輝くのは、ピンチを迎えたときだけではない。チャンスをモノにするときも、その意外性が必要になることがある。一九九六年のアトランタ五輪でブラジルから1点をもぎ取った伊東輝悦《てるよし》がそうだった。おそらくベンチの西野朗《あきら》監督も、あのときは「なんでテルがあそこに?」と目を疑ったにちがいない。

運動量の豊富な選手がそれを生かすには、ときに組織内の約束事を無視するような大胆さが求められる。監督でさえビックリするようなプレイをする選手が、不測の事態に直面した組織には必要なのである。

第十四章　日向小次郎待望論

「決定力」の正体

「決定力」の謎

マスメディアでは混同されて使われることが多いが、「得点力」と「決定力」は同じではない。決定力が不足していても、得点力のあるストライカーはいる。

たとえば、フランスのアンリが一時期そうだった。なかなかシュートが枠をとらえないが、ゴール数は決して少なくない。つまり「歩留まり」が悪い分、たくさんシュートを撃っていたわけだ。下手な鉄砲も数撃ちゃ当たるのである。ただし本人の名誉のために付け加えておけば、後年は決定力も高まり、四度もプレミアリーグの得点王になった。

また、どちらかというと「得点力不足」はチーム全体に向けられる批判であり、「決定力不足」はストライカー個人に向けられる批判だろう。「日本代表には決定力が不足している」という言い方には、少し違和感を覚える。「得点力が不足している」か「決定力のある選手が不足している」と言うべきだ。決定力とは、チームとして身につけるものではなく、ストライカー個人が持っている能力のことだと私は思う。

そもそも、90分間にたった3〜4点取っただけで大量得点と言われるサッカーは、本質的に「得点力不足」の競技だ。ゴールを狙えるチャンスさえ、そう多くはない。だからこそストライカーには、少ないチャンスを確実にモノにする決定力が要求される。か

南葛中との決勝戦前夜、監督に出場を訴える日向。
この一見エゴイスティックな行動に、
彼の「決定力」の秘密が隠されている。
『キャプテン翼』文庫版第12巻、125ページ

ってのアーセナルのように、アンリがはずしてもはずしても次々にチャンスメークしてくれる選手が周囲に大勢いればいいが、それはあくまでもレアケースである。

では、ストライカーに求められる「決定力」とは何か。この言葉、サッカーの世界では当たり前のように使われているが、あまり一般的なものではない。少なくとも、私の持っている何冊かの国語辞典には載っていなかった。『広辞苑（第七版）』など、【決定】の一つ前に【ゲッツー】という野球用語を載せているにもかかわらず、【決定力】は載っていない。けしからん話だ。そのくせ【老人力】が載っていたら岩波書店に抗議の電話をしようかと思ったのだが、さすがにそれも載っていなかった。

しょうがないので【決定】の項を読んでみると、第一の意味として、

〈はっきりときめること。はっきりきまること、また、そのきまった事柄。〉

と書かれている。つまり「決定力」とは、「はっきり決める力」ということだ。なるほど。当たり前である。ストライカーには、はっきり決める力が必要だ。

だが私たちはふつう、そういう力の持ち主のことを「決定力がある」とは言わない。たとえば、山積した難しい案件を前にしても迷わずに思い切りのよい判断を下せる企業経営者のことを、「あの社長には決定力がある」とは言わないだろう。ついでに付け加えれば、「決意力」とも「決心力」とも言わない。それを言うなら「決断力」だ。

だいたい、ストライカーに決定力を求めてやまないサッカーの世界でも、「ゴールが

決まった」とは言うが、「ゴールが決定した」とは言わない。ゴールインの瞬間、実況アナが「決定したぁ〜！」などと絶叫することはないのである。「決定する」のは、新しい元号とか消費税の増税とか欽ドン賞（古いなぁ）とかそういうものであって、ゴールは決定するものではないのだ。

にもかかわらず、シュートをゴールに「しっかり決める力」は、やはり「決定力」としか言いようがない。「シュート力」ではダメだ。シュート力という言葉が意味するのは、キックの強さや精度といった技術的な能力であろう。だが、シュート力があっても決定力のない選手はいる。オランダのクライファートがそうだ。ボールを扱う技術は抜群で、誰も真似できないようなシュートを決めてみせるのだが、誰でも入るようなイージーなシュートはたいがいはずす。そのシュート力を絶賛する人は多いが、彼を「決定力のあるストライカー」と評する人は滅多にいない。

逆に、大したシュート力もないのに、図抜けた決定力を持つ選手もいる。一九七〇年代の西ドイツを支えた「爆撃機」ことゲルト・ミュラーがそうだった。彼の場合、クライファートのような華麗なシュートを放つわけではなく、得点の多くはゴール前の混戦からちょろっと入れたものだ。しかしミュラーには、なぜかボールの来るところに顔を出し、無理な体勢からでも何とかしてゴールを決めてしまう不思議な才能が備わっていた。「決定力」としか呼べない能力だ。

このように、決定力とは、テクニカルな能力のことではない。もっと茫洋《ぼうよう》としてつかみどころがなく、目で見たり、計測して数値で表したりすることはできないけれど、優秀なストライカーには間違いなく備わっている個人的な能力。それが決定力だ。

ここで私がイメージしている決定力とは、もしかすると映画『スター・ウォーズ』でルーク・スカイウォーカーが会得した「フォース」のようなものかもしれない。そういう得体の知れない力だからこそ、サッカー界は「決定力」という辞書にも載っていない造語を必要としたのではないだろうか。

ゴールはあらかじめ「決定」されている？

しかし、「得体の知れない力」などとオカルトめいた言葉で語っていたのでは、決定力の何たるかを理解することはできない。そこで私は、さらに辞書を読み込んでみた。

【決定】の項には、【決定的】【決定版】【決定論】といった派生語も紹介されている。その中で私が着目したのは、【決定論】だ。『広辞苑』の説明は長くて難解なので、比較的平易な『岩波国語辞典（第七版　新版）』から引用しよう。

〈人間の意志・行為など普通に自由と考えられているものも、すべて何らかの原因（宿命・神意・自然法則など）によってあらかじめ決定されているという説。〉

これが「決定論」である。私は、この「あらかじめ決定されている」という部分が引っかかった。ひょっとすると、優秀なストライカーは、ゴールを決定論的に認識しているのではないかと思ったのだ。そう直観したのは、抜群の決定力を誇るストライカー・日向小次郎をめぐるあるエピソードが、頭の片隅にあったからである。いささか長くなるが、その顚末《てんまつ》を振り返ってみよう。

全国中学生サッカー大会の東京都予選が終わった後、日向は監督に無断でチームを離れ、小学生時代の恩師・吉良耕三のいる沖縄へ渡った。東邦学園の特待生という恵まれた境遇を得たために失いかけていたハングリー精神を取り戻し、本大会までに「打倒南葛」に必要な新しい必殺シュートを身につけるためである。

台風の荒れ狂う海辺で吉良の特訓を受けた彼は、ついにタイガーショットを完成させ、東京に戻った。ところが、無断で沖縄に行ったことが監督の逆鱗《げきりん》に触れ、彼は試合での出番を失ってしまう。「おまえは使わない」という監督の決定は揺るがなかった。一回戦や二回戦はもちろん、決勝進出のかかった明和東との準決勝も、日向はベンチから観戦することしかできなかったのだ。

決勝前夜、日向は決闘状を突きつけて監督を呼び出し、土下座して出場を直訴した。しかし監督は、それでも日向を使わないと言う。それが指導者としての信念だと言うのだ。そこで日向が立ち上がったのが、この章の冒頭に掲げたシーンである。決闘状を突きつけた以上、それは予定の行動だったのだろう。プライドをかなぐり捨てた土下座も通用しないと知った彼は、「おれはかならず明日の試合にでる！　あんたをぶっとばしてでも、力ずくで明日の試合にでてやる!!」と吠《ほ》え、監督に殴りかかった。

危ういところで東邦の選手たちが割って入ったので、日向の狼藉《ろうぜき》は未遂に終わっている。そして、選手たちが全員で土下座をして日向の出場を訴えたことが、監督の気持ちを動かした。監督は、反町、沢田、若島津の三人と勝負することを日向に命じ、ゴールを奪えば出場を許すと告げたのだ。日向は、センターサークルからのタイガーショット一発でこの「試験」に合格し、南葛との決勝戦に出場できたのである。

このエピソードが、決定論と何の関係があるのか。怪訝《けげん》に思う向きもあるだろうが、私には、沖縄から帰京して監督の課した「試験」に合格するまで、日向が自分の決勝戦出場を「あらかじめ決定されていること」と考えていたように思える。そのためにチームを離れ、そのためにタイガーショットを完成させた彼にとって、南葛との試合に出ることは既定の事実だった。「宿命」と言ってもよい。

だから彼は、「もし出られなかったら……」などという弱気な科白を一度たりとも口にしていない。事あるごとに、「おれは決勝に出る」という言葉を吐き続けたのだ。監督が何を言おうと、「出るに決まっている」と信じて疑わないのである。

この傲慢《ごうまん》とも言える強い信念こそが、日向小次郎の決定力そのものではないか。決勝

対ブラジル戦（ワールドユース決勝）で雷獣シュートを放つ日向。
百発百中、問答無用、天下無敵という三つの四文字熟語に、
彼の「あらかじめ決定された宿命」への信念を見ることができる。
『キャプテン翼　ワールドユース編』第17巻、114ページ

戦への出場と同じように、ゴールもまた、彼にとっては常に「あらかじめ決定されていること」なのだ。シュートを放つ際、彼は「もし枠をはずしたら……」などとは考えない。自分のシュートがゴールネットに突き刺さることは、あらかじめ決められた宿命にほかならないからだ。「入るに決まっている」のである。

「フォース」を身につけた男を探せ

決定論的な宿命を信じる力。それが私の考える「決定力」の正体である。そう考えると、巷間《こうかん》よく「ストライカーの条件」として挙げられる資質についても、違った見方ができるのではないだろうか。それは、「ストライカーはエゴイストたれ」というものだ。傲慢で、わがままで、ときには監督と衝突して練習場から出て行くぐらい気が強く、味方からボールを強奪してでも自分のゴールを欲しがる友達の少ない人間のほうが、ストライカーには向いている——という意見を耳にすることは少なくない。「ここで待ってりゃボールが来る」という図々《ずうずう》しさが必要だ、とも言われる。溜め息が出るほどろくでもない人間像しか浮かばないが、「いい人」と呼ばれるより、「ろくでなし」と呼ばれても一つのゴールをわが物にすることを選ぶのが、ストライカーという生き物なのだ。

しかし彼らは実のところ、傲慢なわけでもなければ、わがままなわけでもない。自分勝手な行動に見えるが、彼らはあらかじめ決められたことを実現するために、あらかじめ決められたように振る舞っているだけなのだ。なにしろ宿命なのだから、しょうがない。その信念を否定することは、彼らの「決定力」を否定するのと同じである。

そう言えば先に挙げたアンリは、決定力が高まるにつれて、ゴール後のパフォーマンスがクールになった。派手に走り回るのではなく、むしろ大喜びで抱きついてくるチームメイトを「おいおい、そんなに興奮すんなよ。オレが撃ったんだから入って当然だぜベイビー」となだめているかのような、落ち着き払った仕種を見せるようになったのだ。これは、彼が自分の宿命を信じる力を身につけたことの表れではないだろうか。「あらかじめ決定されたゴール」が予定どおりに決まっただけなんだから、そんなに興奮しなさんな、というわけだ。

日向がゴール後に見せる「右腕突き上げ」のポーズも、どちらかというとクールだ。少なくとも彼は、ゴールを決めて走り回ったり、シャツを脱いで振り回したりはしない。「ほら見ろ、オレがナンバーワンだ」とばかりに、不敵な笑みを浮かべるだけである。

絶対的エースのいない代表チームでは、大会本番で誰をストライカーとして使うか迷うことがある。そんなときは、直前のリーグ戦や親善試合で、ゴール後に「当然だぜベイビー」というクールなパフォーマンスを見せる選手がいたら、要チェックだ。決定力という「フォース」を身につけたその男が、日本の救世主になるかもしれない。

第十五章　根性とムードメーカー

石崎の存在意義を考える

クールな戦術眼に裏づけられた石崎の「根性」

大空翼を取り巻く選手たちのうち、最大のシンデレラボーイ、つまり「出世頭」は誰か。いろいろな見方があるだろう。むろん、十五歳でフル代表に呼ばれ、十八歳でサンパウロFCのエースとしてブラジル全国選手権を制した後、二十歳でバルセロナ入りを果たした翼自身、たいへんな出世ぶりである。

しかし彼の場合、その底知れない才能の大きさを考えると、この成功もそう驚くには値しない。むしろ遅すぎたくらいだ。もしも彼がスペインに生まれていたら、十七歳でデビューしたレアル・マドリードのラウールよりも早く、あの国のトップリーグで大活躍していたのではないだろうか。

それよりも、意外なほどの出世を遂げて私たちをもっとも驚かせたのは、「ファンキーガッツマン」こと石崎了である。彼がまだ小学生だったとき、この男が将来、日本ユース代表選手として世界選手権という檜舞台《ひのきぶたい》に立つことを、いったい誰が予想しただろうか。翼や岬が転校してくるまで、修哲小に20点差で負けるほど弱かった南葛小サッカー部員のうち、日の丸をつけるところまで出世したのは石崎ただ一人である。その外見を別にすれば、彼ほどシンデレラボーイと呼ぶにふさわしい男はいない。人相的には同系列に属すると思われる、あの豊臣秀吉を彷彿《ほうふつ》とさせるくらいだ。

　では、なぜ彼はこれほどのシンデレラ・ストーリーを演じることができたのか。サイドバックの人材難（サイドバックだけが人材難）という幸運があったとはいえ、技量面でさして見るべきところのない石崎が、あの黄金世代の中でユース代表の座を勝ち取ったことは、単に「運が良かったから」で片づけられる話ではない。人材難とはいえ、たとえば修哲の俊足ウイング滝をサイドバックに転向させるなど、あの世代ならいくらでも手の打ちようがあったはずである。

　にもかかわらず、石崎が常に代表監督に呼ばれ、チームの中でポジションを与えられるのはなぜか。言うまでもない。「根性」があるからだ。

　その象徴が、唯一の得意技として毎試合のように繰り出す「顔面ブロック」である。至近距離から放たれるシュートやクロスボールに顔から突っ込んでいくなど、よほど根性がなければできることではない。

　ほとんどのＤＦは、相手がキックした瞬間に顔をそむけ、お尻を突き出したりするものだ。サッカー選手が見せる姿の中でも、あれほど不格好なものはない。おそらく選手たちにも、それが不格好だという自覚はあるはずだ。しかし、それでも彼らは顔を隠して尻を突き出す。見た目を気にする余裕もないほど、怖いのだ。

　そこで尻ではなく顔を突き出す石崎の根性は、実に見上げたものである。そして監督は、その根性がチームに必要だと考えるから、彼を使う。技量面でいくらか見劣りするところはあっても、彼の根性はそれを補って余りあるほどのメリットをチームにもたらすのだ。

ただし誤解のないように言っておくと、彼の根性は、ただ闇雲《やみくも》にガッツを前面に出しさえすればいいという、悪《あ》しき精神論に基づく根性ではない。おちゃらけた言動とは裏腹に、彼にはクールな戦術眼も備わっている。

たとえば日本×ブラジル（ワールドユース決勝）の後半ロスタイム、サンターナが中央のナトゥレーザに向けて、左サイドから強いクロスボールを入れたシーンを振り返ってみよう。石崎はそれを顔面で止めたのだが、跳ね返ったボールは再びサンターナの足元に転がってしまった。あらためて、ボールをゴール前に蹴り込むサンターナ。しかし、これは石崎が計算したとおりの展開だった。鼻血を飛び散らせた彼は、薄れていく意識の中で、次のようにほくそ笑んでいる。

「ホラ見ろ、翼がゴール前に戻ってくる。翼が戻るその時間を、おれはかせげたんだ」

ふつう、味方が自陣に戻る時間を作ろうとするとき、ＤＦはボールを持った相手に抜かれないよう間合いを計りながら、パス出しを遅らせることを心がける。スライディングタックルなどで無理にボールを奪おうとはせず、相手の前で「通せんぼ」をして時間を稼ぎ、味方の戻りを待つのである。

サンターナの強烈なクロスボールを止めた石崎の顔面ブロックは、
ただの闇雲な根性ではなく、クールな「読み」によるものだった。
このプレイがチームを救った。
『キャプテン翼　ワールドユース編』第18巻、103ページ

しかし石崎には、サンターナを「通せんぼ」するほどのスピードや技術がない。葵や松山でさえ簡単に抜かれてしまったくらいだから、彼が体を寄せてみたところで、一発の切り返しであっさりクロスを入れられていただろう。だから彼は、ボールが再びサンターナのものになることを覚悟のうえで、「クロスを蹴らせてから顔面ブロック」というプレイを選択した。翼に戻る時間を与えるには、それしか方法がなかったのだ。

いわゆる「タメ」の作り方としては、空前絶後の手段だと思う。後方からロングパスを受けた大柄なFWが、肘や尻を使って相手DFを抑えながらボールをキープし、味方が上がってくるまで前線でタメを作ることはよくある。しかし顔を使ってタメを作ることができるのは、世界広しといえども石崎しかいない。それを可能にした彼の根性は、まさにワールドクラスなのである。

そして、翼は間に合った。翼の右足と若林の両手がナトゥレーザのジャンピングボレーを食い止め、試合を延長戦に持ち込むことに成功したのだ。しかし、石崎の作ったタメが通常の手段によるものだったら、翼が間に合ったかどうかわからない。石崎の見せた根性が翼の負けん気に火をつけ、背中をグイグイ押したのだと私は思う。

これこそ、監督が石崎に求める役割だろう。彼のガッツ溢れるプレイがチームの士気を高め、ギリギリの苦しい局面で集中力を引き出すことを期待されているわけだ。つまり彼は、いわゆる「ムードメーカー」として働くことに活路を見出し、それによって驚くべき出世を成し遂げたのである。

石崎の存在意義を評価し直すべし

ムードメーカーの仕事は、キャプテンの仕事とは少し違う。チームにガッツを注入する選手といえば、柱谷哲二《はしらたにてつじ》やドゥンガなど、「闘将」と呼ばれたキャプテンを思い浮かべる人が多いだろう。しかし彼らはリーダーであって、ムードメーカーではない。仲間を言葉で叱咤《しった》するのではなく、「オレにはこれしかない」と根性を体の隅々から滲ませてひたむきにプレイし、その姿によって味方を鼓舞《こぶ》するのが、ムードメーカーだ。

さらに言うと、その役割を演じるのは、ちょっと剽軽《ひょうきん》な奴のほうがいい。お喋りで、ふだんはバカ話ばかりしているような男が、試合では真剣な顔つきで炎のごとき根性を見せる。そのギャップに、仲間たちはグッとくるのである。もちろん石崎はそういうタイプだし、私の見たところ、イタリアのディ・リービオやラバネッリなども、そんなムードメーカーの典型だ。

とくにラバネッリの場合、年齢的な衰えが指摘されるようになって以降は、ストライカーとしてよりもムードメーカーとして存在価値を発揮していたように見える。たぶん本人は「しゃらくせえ。オレは死ぬまで点取り屋だぜえ」と否定するだろうが、そこに見え隠れしている男の意地とがむしゃらさが、すでにムードメーカーのものなのだ。歴代の日本代表で言えば、ゴン中山の存在感に近い。

一九九九—二〇〇〇シーズンには最終節の大逆転でスクデットを獲得したラツィオが、翌年は勝てなかったのも、実はこのムードメーカーを放出したことが響いたのではないかと私は見ている。たしかに主力のネドベドやベーロンが抜けたのも痛いが、何と言ってもベンチからラバネッリが姿を消したのが痛かった。

ラツィオがセリエAを制したシーズン、ラバネッリはあまり出場機会がなかった。だが、出番がなくても腐ることなく、ベンチの前に仁王立ちして大声を張り上げていた彼の姿は、十分にラツィオの戦力になっていたと思う。日本×西ドイツ（国際ジュニアユース決勝）の終盤、負傷退場した石崎が、ベンチ前から「決勝ゴールを奪うのは、おまえしかいないんだ！」と声をかけたことで、倒れていた翼が息を吹き返したのと同じことだ。ムードメーカーは、どこにいても仕事ができるのである。

私たち日本人は、ときとして「根性」という言葉に拒絶反応を示すことがある。それは、この国のスポーツ界が伝統的に「根性さえあれば負けるはずがない」といった乱暴な精神主義に支配されてきたせいだろう。近年は「それでは勝てない」と反省する声も多くなってきたわけだが、その反省がいささか過剰になって、「根性」という言葉を聞いただけで「うわ、古臭い」とイヤな顔をする人が増えたのだ。

しかし、根性一辺倒の精神主義はもちろん捨てるべきだと思うが、根性の価値を全否定するのも間違っている。苦しい局面を乗り越えるのに必要なのは、やはり精神力であり根性なのだ。「根性フェチ」になってはいけないが、根性が不要なわけではない。

たぶん、翼や日向に憧れてサッカーを始めた選手は多いが、石崎に憧れてボールを蹴り始めた選手はあまりいないであろう。これはまずい。子供たちが石崎に憧れるようにならなければ、日本はいつまでもムードメーカー不在のまま戦わなければならない。将来の日本代表で、ワールドクラスのムードメーカーとして活躍する選手を育てるために、私たちはいまあらためて石崎に注目し、その存在意義を評価し直すべきだと思う。

第十六章　キャプテン　最強のキャプテンシーをわれらに

切なくも美しいキャプテンマークの引き継ぎ

当たり前だが、『キャプテン翼』のタイトルは『キャプテン翼』である。ストライカー翼でもドリブラー翼でも司令塔翼でもファンタジスタ翼でもなく、『キャプテン翼』なのだ。誰もが史上最高のサッカー漫画だと認める作品のタイトルに、サッカー特有の用語が含まれていない。これはとても大切なことである。この作品はサッカーの物語である以前に、キャプテンシーの物語なのだ。

ならば本書を締めくくる前に、それについて語っておかねばなるまい。大空翼という選手を見るとき、私たちはその凄まじいシュート力や華麗なドリブルといった技術面のすばらしさに目を奪われがちである。だがタイトルにそう謳《うた》われている以上、彼の本質は「キャプテンシー」にあると考えるべきだろう。

つまり、サッカー選手として優秀である以前に、人間として立派。

実際、大空翼という男は幼い頃からたいへんな人格者であった。それは、たとえば南葛小×修哲小の対抗戦にも見ることができよう。1—1で迎えた延長前半の立ち上がりに、彼はゴール右上を狙った強烈なシュートを若林に阻まれた。しかし彼はそのとき、地面を叩いて悔しがったりはせず、頭をかきながら、「さすが若林くん」と微笑《ほほえ》んでみせたのだ。試合の苦しい局面で見せるこの微笑みこそ、彼の人間性をもっとも端的に表している。敵さえも同じサッカーの「仲間」として褒《ほ》め称《たた》えるこの余裕。嗚呼、なんて人間ができているんだろう。私たちは、そんな彼の明るさ、やさしさ、ひたむきさ、芯の強さ、寛容の心、惻隠《そくいん》の情といった人間的な大きさに魅了されるのだ。

そういう男だからこそ、全日本少年サッカー大会の地区予選でキャプテンをつとめていた若林が足の故障で全国大会に出場できなくなったとき、南葛ＳＣの監督は翼を新キャプテンに指名した。ミーティングの場で、「次はおまえだ！」とばかりにキャプテンマークを彼に向かって放り投げたのである。

ところで、この「キャプテンマークの引き継ぎ」は、試合中にもしばしば見られるものだ。キャプテンが怪我や疲労による選手交代でベンチに退くとき、腕に巻いたキャプテンマークをそっとはずし、味方の誰かに託す。近くにいた選手に手渡して、「あいつに」と後任者の名前を囁くのが通例だ。

キャプテンでありながらピッチを後にせざるをえない無念さと、仲間たちへの熱い信頼感が微妙に交錯する、切なくも美しいシーンである。その姿に「男の色気」を感じてゾクゾクするのは私だけだろうか。任務の引き継ぎは、かくありたいと思う。会社の人事異動の際、つべこべと細かい注意事項を言い立てて後任者に煙たがられるのは、色っぽくない。男同士の引き継ぎに、言葉はいらないのだ。伝えるべきメッセージは、去り

故障した若林に代わる新キャプテンに、翼が指名されたシーン。
日本サッカーを変えた偉大な「キャプテンシーの物語」は、
ここから始まった。
『キャプテン翼』文庫版第2巻、334ページ

翼《つばさ》だ!!

いいか! 若林《わかばやし》のケガは しかたない ことだ!

今日からは 翼《つばさ》新キャプテンを 中心に 新しい南葛《なんかつ》SC《エスシー》の サッカーを していくんだ!!

は・はい!!

翼《つばさ》新キャプテン のあいさつだ
はい

際の背中が語ってくれる。私は組織に属していないので、そのチャンスがないのが残念だ。世のビジネスマン諸氏には、ぜひこれを心がけてほしいと思う。連絡不足のせいで後任者がどんなトラブルを起こしたとしても、私の知ったことではない。

キャプテンの交代シーンの中でもとくに美しいのは、ベテランから若手への引き継ぎである。たとえばかつてのユベントスなら、中盤で泥にまみれたアントニオ・コンテが、薄くなった頭を含む全身に疲労の色を滲ませながら、デルピエーロにキャプテンマークを渡す場面がしばしば見られた。レアル・マドリードなら、イエロからラウールだ。そこには、「オレもヤキが回っちまったようだ。後は頼んだぜぇ」「承知しやした。おやっさんは、ゆっくりしてておくんなせぇ」という仁俠《にんきょう》の香りさえ漂っている。とてもセクシーだ。キャプテンマークの引き継ぎとは、いわば「魂《たましい》のリレー」なのである。

ともあれ、フィールドには常にキャプテンがいなければいけない。キャプテンマークというものが存在せず、そもそもキャプテンがいるのかいないのかはっきりしない野球のような競技もあるが、サッカーにはそれが不可欠だ。キャプテンシーの所在を明確にせずに戦うことはできない。

翼が真のキャプテンシーを身につけた一戦

以前、野球は陸軍的、サッカーは海軍的なスポーツだという話を聞いたことがある。というのも、戦場の全体像を把握できる陸軍の場合、総司令官がそれぞれの部隊の動きを直接コントロールしやすい。これは、いちいちベンチからサインを出し、監督自らフィールド内に足を運んで選手と話し合ったりする野球に似ている。

それに対して海軍の場合、いったん艦隊が海に出て行ったら、総司令官がそれを直接コントロールするのは困難だ。事前に基本的な戦い方を綿密に打ち合わせていても、戦場では何が起こるかわからない。不測の事態が起きたときには、それぞれの艦艇が自らの判断で行動するしかないのである。

サッカーのフィールドも、海のようなものだろう。作戦タイムがなく、いったんゲームが始まったらほとんど監督の指示を受けられないサッカーでは、選手に自主的な判断力が求められる。たとえば早い時間帯に失点したとき、前半のうちに同点に追いつくことを目指すのか、追加点を許さず0―1のままハーフタイムを迎えたいのか、それによって戦い方は大きく違ってくるだろう。しかしテクニカル・エリアから監督が大声で指示を出しても、それが全員に正しく伝わることはない。それぞれの選手が自分で試合の流れを読み、行動しなければならないのである。

それを現場で統率するのが、キャプテンだ。言葉による指示が伝わりにくいのは監督もキャプテンも同じだが、キャプテンは監督と違って、ボールを動かすことで仲間にメッセージを伝えることができる。元日本代表の左サイドバック・都並敏史《つなみさとし》氏の『都並流勝つためのサッカー』（講談社）によれば、たった一本のパスで、「いまチームとして何をすべきか」を表現してくれるのが、もっとも頼りがいのあるキャプテンだという。

広大な海に展開した艦隊のようにフィールドに散らばった選手たちは、そういうキャプテンを求めている。その意味で、大空翼が船長《キャプテン》の息子であることはきわめて象徴的だ。彼が生まれながらの天才サッカー選手なのは間違いないが、それと同時に、彼は生まれながらのキャプテンでもあったのかもしれない。

だが、そんな翼も、潜在的に持っていたキャプテンシーをはじめから十分に発揮していたわけではなかった。よく「地位が人を育てる」と言われるが、彼もまた、キャプテンになってからその役割に目覚めたようなところがある。その自覚を初めて促《うなが》した試合は、私の見たところによれば、全日本少年サッカー大会の準決勝、対武蔵ＦＣ戦だ。

この試合で三杉淳の凄まじい才能に圧倒された翼は、いつもの自信をすっかり失ってしまった。1点のビハインドで迎えたハーフタイムには、仲間たちの前で「三杉くんは強すぎます」と弱音を吐いてしまったくらいだ。そのため彼は後半の立ち上がりから、らしくないプレイを続けてしまう。つまらないトラップミスを犯し、ワンツーを狙った岬の動きにも反応できない。一対一の勝負を挑んできた三杉にも、あっさり抜かれてしまった。

だが、自滅しつつあった翼を、仲間たちが救う。スタンドで観戦していた若林やロベルト本郷や早苗ちゃん、そして転校のためこの大会が南葛での最後のプレイとなる岬などの叱咤激励によって、彼は立ち直った。「みんなのサッカー」を守るために、キャプテンの自分が弱気になってはいけないことに気づいたのだ。

奮起した翼は、その後3ゴール1アシストの活躍でチームを勝利に導いた。この一戦は、大空翼が真のキャプテンシーを身につけた試合として特筆されるべきであろう。それ以降、彼はキャプテンとして常に味方を勇気づける存在であり続けている。選手たちは、「翼がいるんだからオレたちが負けるはずがない」と自信を持てるのだ。

大空翼を代表チームの名誉キャプテンに

これは、キャプテンにとってもっとも重要な資質だと私は思う。厳しい勝負になったとき、勝利を手にするために必要なのは勇気と自信だ。それを言葉ではなく、豊かな人間性と高い技術に支えられたプレイによって仲間に与えられるキャプテンが、サッカーのチームには必要なのである。

過去のW杯を振り返っても、優勝国には必ず強烈な存在感を持つキャプテンがいた。一九八六年のアルゼンチンにはマラドーナ、一九九〇年の西ドイツにはマテウス、一九九四年のブラジルにはドゥンガ、そして一九九八年のフランスにはデシャン。それぞれタイプは異なるものの、彼らがピッチの内外でチームを精神的に支えていたことは間違いない。

しかし、代表チームがいつもキャプテンの人材に恵まれるわけではない。二〇〇二年のW杯に臨む日本代表には明確なキャプテンがいなかった。キャプテンをあまり重視しないトルシエ監督の方針によって、本番直前まで試合ごとにキャプテンマークをつける選手がコロコロ変わったのだ。本物のキャプテンなど、そう簡単に作れるものではない。翼でさえ、三杉との戦いという試練を通して強いキャプテンシーを身につけた。

そこで私は、日本代表チームに強力なキャプテンシーを安定供給するために、日本サッカー協会にお願いしたいことがある。大空翼を、代表チームの名誉キャプテンに指名してほしいのだ。代表選手は、大半が『キャプテン翼』を読んで育った。その世界に憧れてサッカーを始めた彼らが、大空翼に対して並々ならぬ敬意と信頼感を抱いていることは間違いない。だからこそ、翼が名誉キャプテンに就任することによって、選手たちは絶大なる勇気と自信を得られると思うのだ。

W杯の第一戦。そのキックオフ直前に、大空翼の名誉主将就任式が行われるシーンを、私は夢想する。代表監督の放り投げるキャプテンマークを受け止める役目は、たとえば生みの親である高橋陽一先生にお願いしてもいいだろう。あるいは「翼」と名づけられた十二歳のサッカー少年でもいい。
キャプテンマークが渡されると同時に、場内に渦巻くツバサ・コール。
その瞬間、われらが代表チームは、最強のキャプテンシーを獲得するのである。

日本《にほん》
日本《にほん》
日本《にほん》
若林《わかばやし》
翼
日向《ひゅうが》
岬《みさき》
日本《にほん》
松山《まつやま》
葵
日本《にほん》
翼《つばさ》ア
日本《にほん》

三杉《みすぎ》
日本《にほん》
日本《にほん》
若島津《わかしまづ》
世界一《せかいいち》
日本《にほん》
石崎《いしざき》
松山
日本《にほん》
日本《にほん》
新田《にった》
早田《そうだ》
次藤《じとう》

第一章で、日本のメディアが「一対一の勝負」にあまり注目しないのは、「日本人にサッカーはわからない」という思い込みのせいだ、という話をした。本当は一対一の勝負が好きなのに、それを語ると「見方が日本人的＝サッカーがわかっていない」と言われるような気がして、その好みを封印してしまうのである。逆に言うと、サッカーの本場である欧州や南米の人々のような見方こそが「正しい」という思い込みがあるわけだ。

それと同じような心理が、スタンドの観客の態度にも垣間《かいま》見《み》えることがある。

たとえば私は、Jリーグの試合会場で、とても下手《へた》糞《くそ》なサンバ演奏を聞いたことがあった。Jリーグのサポーターの中には、かなり本格的なリズムを響かせる上手いサンバ隊もある。だが、そのとき聞いた演奏は実にひどい代物《しろもの》だった。はっきり言って、台所をひっくり返しているようにしか聞こえない。台所がひっくり返るものかどうかは知らないが、とにかく、サンバどころか音楽にさえ聞こえないのである。

そもそもサンバはブラジル人特有のリズム感から生まれた音楽なので、日本人が上手く演奏するのは簡単ではない。にもかかわらず、サッカー場でサンバをやりたがる日本人が多いのは、それが「正しいサッカーの見方」だと思っているからではないか。ブラジル人がサンバのリズムで踊りながら見ているから、自分も同じように見ることで、一人前のサッカーファンになったような気がするのである。

もちろん、本当にサンバが好きで、ちゃんと練習している人々に文句を言うつもりはない。サンバはすばらしい音楽だし、私も大好きだ。しかし、好きでもない人間が無理してサンバを演奏する必要は全然ない。日本人なら日本人らしく、「あねご」こと早苗ちゃんのようにガクラン&鉢巻き姿で「フレー、フレー」と旗を振ったほうがカッコいいと思う。

ブーイングもそうだ。「サッカーはこうやって見るもんなんだぜえ」と言わんばかりに、見よう見まねで親指を下に向けながら「ぶう〜」などと言うファンがいるが、はっきり言って日本人のブーイングはまったく迫力がない。イングランドあたりのスタジアムで聞かれる、あの地の底からわき上がってくるような威圧的なブーイングにならないのである。私たちには、不満があるときに親指を下に向けて「ぶう〜」などと言う習慣がないのだから、それも当然だろう。あんな「よそ行き」のブーイングでは敵を萎縮させることなどできないので、やめたほうがいいと思う。

では、敵のプレイや審判のジャッジに不満があるとき、私たち日本人はどう振る舞えばいいのか。私は密かに、「アッカンベー」がいいのではないかと考えている。ブーイングならぬべーイ、ン、グ、だ。もっとも、一人でやっても危ない人だと思われるだけなので、まだ試みたことはない。しかしホーム開催の代表戦で、六万大観衆が人さし指で片目の下を引っ張りながら、相手チームに向かって一斉に「アッカンベー」と舌を出している光景を想像してみてほしい。異様である。不気味である。これほど外国の選手を怖じ気《おけ》づかせるものはないだろう。その瞬間、彼らはアウエーの厳しさを痛いほど実感するはずだ。

そんなことはともかく、スタンドで下手糞なサンバや迫力のないブーイングに遭遇したとき、私がふと思い浮かべるものがある。その昔、東京都の内幸町《うちさいわいちょう》に建っていた、鹿鳴館《ろくめいかん》という建物だ。一八八三年（明治十六年）に完成したこの建物には、毎晩のように各界の紳士淑女が招かれ、外国の貴賓《きひん》を接待するための舞踏会やら音楽会やらが催された。日本の西欧化をアピールして、不平等条約の改定に役立てようとしたのである。「ほうら、私たちはこんなにあなた方の流儀を心得ていますよ」というわけだ。

しかし、これは上流階級の西欧化に一定の貢献を果たした反面、それまでの日本的な習慣と西欧的な流儀のギャップに戸惑《とまど》う者も多かったらしい。慣れぬドレスや燕尾服《えんびふく》を着て覚えたての社交ダンスを踊る日本人の姿が、当時の外国人の目にどう映ったか、私にはわからない。しかしその光景を想像すると、何やら気恥ずかしい心持ちになる。そもそも、当の日本人自身がそのダンスを心底から楽しめたかどうか、はなはだ疑問である。気疲れでグッタリとしてしまい、帰宅して浴衣《ゆかた》に着替えながら、「二度と社交ダンスなど踊るものか！」と吐き捨てた者もいたにちがいない。

ともあれ私には、日本人のサンバやブーイングが、鹿鳴館の舞踏会と重なって見えて仕方がない。「ほうら、私たちはこんなにサッカーの流儀を心得ていますよ」と媚《こ》びへつらっているように見えるのだ。

ここで明治時代の脱亜入欧政策について論じるつもりはないし、そんな見識も持ち合わせていないが、まあ、当時はそうやって西欧化をアピールする必要もあったのだろう。しかし、サッカーファンがそんなことをする必要は、まったくないのである。サッカーの楽しみ方は十人十色だ。それぞれの国や社会によって流儀も違うだろう。「正しい見方」などあるわけがない。自分に合ったスタイルで観戦し、自分が感じたとおりに語ればよろしい。

私自身、本書でそれを貫いてきたつもりだ。自分の見方が正しいかどうか、そんなふうに考えたことは一度もない。「オレはこんなふうに見てるけど、どう思う?」という対話のきっかけにしたいという一念で、ここまで書いてきた。そういう自由な対話を遠慮させる「サッカー論壇」の空気に、不満を感じていたからだ。

そして、その空気の元凶となっている「日本にはサッカー文化がない」「だから日本人にサッカーはわからない」という思い込みを打破するために、ワールドクラスのサッカー文化である『キャプテン翼』を取り上げ、翼たちのプレイを世界の一流選手たちと同等に扱い、語ってきた。それによって多くの日本人が「鹿鳴館的サッカー観」を乗り越え、自らのサッカー文化とサッカー観に自信を持てるようになれば、そこから生じる国内の空気が代表チームを後押しするはずだからだ。

鹿鳴館の完成に先立つこと二十数年、咸臨丸《かんりんまる》で太平洋を渡った遣米使節団の侍《さむらい》たちは、当然のことながら紋付き袴《はかま》に身を包み、挨拶から何からすべて日本の流儀を貫いたという。向こうの流儀を知らないから、それ以外にやりようがなかったのだろう。だが彼らの堂々とした美しい立ち居振る舞いは、多くのアメリカ人を感嘆させ、大いに尊敬されたそうだ。

ホームだろうがアウエーだろうが、私たちは「ツバサの国」の住人として、胸を張って選手たちとともに戦おう。そして、心ゆくまでこの地上最大の娯楽を堪能しようではないか。

〈参考文献〉

『ワールドサッカーの戦術』（瀧井敏郎／ベースボール・マガジン社）
『サッカーマルチ大事典』（国吉好弘／ベースボール・マガジン社）
『最新版サッカールールブック』（高田静夫監修、三村高之／学研）
『日本全史』（講談社）
『日本人と「日本病」について』（岸田秀・山本七平／文春学藝ライブラリー）
『加害者にされない被害者にならない――刑法の基礎と盲点』（河上和雄／講談社＋α文庫）
『都並流　勝つためのサッカー』（都並敏史／講談社）
『痛快！心理学』（和田秀樹／集英社インターナショナル）
『痛快！みんなのスポーツ学』（辻秀一／集英社インターナショナル）

集英社文庫

キャプテン翼《つばさ》勝《しょう》利《り》学《がく》

2019年7月25日　第1刷　　定価はカバーに表示してあります。

著　者　深川《ふかがわ》峻《しゅん》太郎《たろう》

発行者　徳永　真

発行所　株式会社 集英社
東京都千代田区一ツ橋2-5-10　〒101-8050
電話　【編集部】03-3230-6095
【読者係】03-3230-6080
【販売部】03-3230-6393（書店専用）

印　刷　図書印刷株式会社

製　本　図書印刷株式会社

フォーマットデザイン　アリヤマデザインストア　　マークデザイン　居山浩二

ISBN978-4-08-744003-4 C0195